他們的鐵道時代

七位鐵道職人的生命故事

國家鐵道博物館籌備處——策劃

鄭萬經、曾炎燦、王景標、郭約義、簡清期、陳清標、鄒錦松——口述

CONTENTS

序一｜從生命記憶出發的鐵道時代　／鄭銘彰 ……………………………… 004

序二｜臺灣鐵道發展與變遷的見證者／陳進金 ……………………………… 006

序三｜為「活的鐵道博物館」
　　　注入「以軟帶硬」的關鍵靈魂／曾令毅 ……………………………… 009

導讀｜珍貴口述紀錄串起的鐵道故事／洪致文 ……………………………… 013

■ Chapter 1 ｜
　蒸汽火車修復大師：鄭萬經先生訪問紀錄 ………………………………… 021

■ Chapter 2 ｜
　臺鐵客車全能改造者：曾炎燦先生訪問紀錄 ……………………………… 073

■ Chapter 3 ｜
　蒸汽機車守護者：郭約義先生訪問紀錄 …………………………………… 099

■ **Chapter 4**｜
站務風景半世紀：簡清期先生訪問紀錄 ⋯⋯⋯⋯⋯⋯⋯⋯⋯⋯ 129

■ **Chapter 5**｜
臺鐵便當逆轉勝：陳清標先生訪問紀錄 ⋯⋯⋯⋯⋯⋯⋯⋯⋯⋯ 155

■ **Chapter 6**｜
臺北車站風雲錄：鄒錦松先生訪問紀錄 ⋯⋯⋯⋯⋯⋯⋯⋯⋯⋯ 183

■ **Chapter 7**｜
遷徙生根的鐵道王：王景標先生訪問紀錄 ⋯⋯⋯⋯⋯⋯⋯⋯⋯ 219

| 序一 |

從生命記憶出發的鐵道時代

　　鐵道系統向來屬於勞動密集型的產業組織，即便是導入自動化輔助設施、進入高速化時代的今天，鐵道事業機關仍然需要大量專職的人力與分工，始能順暢運作。不同專長的從業人員從踏入鐵道系統工作到終老退休，漫長的職涯多少都歷經了組織更迭、設備革新、技術傳衍的見聞故事，甚至本身就是關鍵時刻的見證者、當事人，交互影響鐵路運作的「事」與「物」。

　　國家鐵道博物館籌備處成立後，一般人容易從外在場域看到修復中的國定古蹟臺北機廠建築及環境，整備各類型鐵道車輛、機具等硬體設備，由於博物館還要肩負研究及展覽教育等軟體建置，內部也不斷地設法廣徵臺灣鐵道的學術研究資源，像是透過數位化合作或是研究案，庋藏檔案、圖面、手稿等首次資料，圖書、期刊等二次資料。此外，我們更意識到資深鐵路從業人員的衰老凋零，三年前即展開相關計畫，以鐵路職人耆老作為口述歷史的訪談對象，詢問過去的職涯經驗，並且試圖從家庭或是學習等生活歷程，梳理受訪者的生命故事，將其納入徵集的首次資料範圍，未來可以作為研究臺灣鐵道發展變遷的紀錄。

　　透過研究典藏組同仁採訪、整稿，這次鐵博籌備處完成了與臺

鐵近代相關業務發展有關的七位耆老口述歷史《他們的鐵道時代：七位鐵道職人的生命故事》專書。讀者們可以參考受訪者口述各自的教育、家庭以及在鐵路不同部門文化的養成樣貌，看見他們豐富的資歷以及職人之間的人際關係，或是在經歷時代的苦悶、重大關鍵時刻的心境與對策，還有教材上面沒有告訴我們的火車運轉實務心得，從當事者視角娓娓道來，記錄了過去官方資料不易被記載到的細節訊息。

　　口述歷史在研究方法上有一定的指標意義，需有基本的專業素養引導受訪者，鐵博籌備處的館員在鐵道專業常識的掌握上已經能切中訪綱，整稿編輯成為一篇篇精彩又具深度的故事。在坊間琳瑯滿目的鐵道書籍當中，這是一本以「人」做主角的鐵道史圖書，閱讀珠璣更能感受人的溫度。採訪過程中也要感謝國營臺灣鐵路公司（計畫展開當時為交通部臺灣鐵路管理局）協助聯繫臺鐵耆老，面對國內鐵道業界職人日漸高齡化的趨勢，鐵博籌備處後續也會進行下個階段的口述歷史採集，從人文的角度探討鐵道技術與社會發展的面向，引導民眾理解更多臺灣的鐵道故事。

　　學界對博物館存在的理由，其中一個形容是對過去生活的敬意；身為博物館實務的工作者，這段形容也常引發我的共鳴，鐵博籌備處謹以這本《他們的鐵道時代：七位鐵道職人的生命故事》專書，向曾經在職務上盡心付出的鐵道職人們致敬！

國家鐵道博物館籌備處主任　鄭銘彰

| 序二 |
臺灣鐵道發展與變遷的見證者

　　國家鐵道博物館籌備處（以下簡稱「國鐵博」）於2019年8月15日正式揭牌成立，由長期關注臺灣鐵道發展的國立臺灣師範大學地理學系洪致文教授出任首任主任。因此，國鐵博從成立以來，即非常重視臺灣鐵道相關文物的保存與文獻資料的蒐集典藏。國鐵博研究典藏組曾完成「臺灣鐵道產業女性員工影音資料搜集計畫」，就是透過口述訪談來記錄女性員工在鐵道職場中與人、事、物互動的歷程，為臺灣鐵道研究留下多面向的重要史料；也進行過「臺灣鐵道相關歌謠史料研究暨徵集計畫」，透過蒐集臺灣鐵道相關歌謠，理解這些歌謠所反映的臺灣鐵道發展的歷程，進而突顯鐵道與人民記憶、情感的連結。

　　這本《他們的鐵道時代：七位鐵道職人的生命故事》也是在這樣的脈絡下所完成的一本專書，這本書共收錄了七位臺灣鐵道從業人員的口述訪談紀錄，他們各有其專業領域，從日治時期臺北鐵道工場「技工見習教習所」見習生、做到臺北機廠副廠長的鄭萬經；從日治時期臺北鐵道工場「技工見習教習所」見習生、做到車件工場主任的曾炎燦；從水裡坑驛驛手、做到板橋車站站長的簡清期；從基層雜工做到員工訓練所機務班主任的郭約義；也有大學畢業經

過特種考試進入臺鐵、做到餐旅服務總所總經理的陳清標和運務處長鄒錦松，以及最為特別的「鐵道兵團」——鐵道軍事人員王景標。其中，最年長的是1927年出生、高齡96歲的鄭萬經，最年輕的是1941年出生、也已83歲的鄒錦松。更難能可貴的是，這幾位八、九十多歲的鐵道人，受訪時仍能夠非常清楚地述說他們的鐵道經歷，為臺灣鐵道史留下重要的資料。

《他們的鐵道時代：七位鐵道職人的生命故事》收錄七篇臺灣鐵道從業人員的口述訪談紀錄，包括客運、貨運、機廠與餐旅等面向，幾乎是戰後臺鐵所有業務的縮影，所以，這本訪談紀錄將可成為提供未來建構完整臺灣鐵道史的重要一手史料。而從事口述歷史的工作者，都能理解一篇好的口述歷史紀錄稿，必須是受訪者與訪問者一起努力完成，也就是在受訪者清晰的記憶與良善的口語表達能力外，還需要訪問者設計有意義的題綱與引導，以及整稿者查證補充資料，缺一不可。因此，關於《他們的鐵道時代：七位鐵道職人的生命故事》這本書，我要特別推崇訪問者與整稿者，讓每一篇口述歷史紀錄都深具重要的史料意義，讀者除了透過這七篇訪談了解臺灣鐵道的發展與變遷外，還可在各篇中讀到一些重要的訊息。例如在鄭萬經先生的訪談紀錄中，我們能看到二戰末期臺灣總督府的戰爭動員、戰後初期臺灣政治狀況等。在曾炎燦先生的訪談內容中，他詳述日治時期「鐵道技工見習教習所」見習生的養成過程，包括課程安排、よか（預科）跟ほんか（本科）的學習內容，以及學員中有一些日本人、少數琉球人，後來才是以臺灣人居多等。從簡清期先生的訪談中，讀者也可以看到戰後臺灣人學習華語（國語）

的歷程、二二八在水裡坑的情形,在這篇紀錄稿可以提供戰後鐵道兵、臺鐵電腦售票,以及板橋站地下化經緯,和臺鐵內部族群派系（閩南、客家、外省）關係等。在王景標先生的紀錄稿中,可以看見戰後初期來臺軍人要與本省籍婦女通婚的困難與阻礙。在郭約義的紀錄稿中,透露了黨政軍與鐵道的密切關係,他說:「鐵路黨部雖然不會直接去管鐵路工會,但是很有影響力。1976年的時候,鄒錦松、洪耀歸曾跟我一起去陽明山上的革命實踐研究院受訓一個月。」可見國民黨在鐵道與工會有一定的控制力。在陳清標的訪談紀錄稿中,會看見臺鐵與慈濟合作「慈濟專列」的源由,「慈濟專列」對於慈濟志業的推動與臺鐵的票務營收,是對雙方都有所助益的雙贏局面。在鄒錦松的訪談紀錄稿中,不僅紀錄1987年12月25日,民眾為了「要求國會全面改選」的示威運動,占據中華商場西門町的平交道,迫使上、下行列車動彈不得的情形,也提到1988年五一勞動節,火聯會1,400名司機員為了反對鐵路局不實施《勞基法》而發動鐵路大罷工,造成全臺鐵火車停駛,震驚國際;另外,讀者在鄒錦松的訪談中也可以深刻體會到當時臺灣民意代表的強橫,尤其是國民黨籍的省議員、立法委員。上述如此豐富且深度的訪談內容,展現著訪問者與整稿者的用心,也讓這七位鐵道人成為臺灣鐵道的發展與變遷的見證者。

國立東華大學歷史學系教授、臺灣口述歷史學會常務理事　

| 序三 |

為「活的鐵道博物館」
注入「以軟帶硬」的關鍵靈魂

　　國家鐵道博物館籌備處（以下簡稱「鐵博」）於 2019 年 8 月 15 日正式揭牌成立，這個臺灣首座國家級鐵道博物館與許多國外同等級鐵道場館最大不同之處，在於其建置在國定古蹟臺北機廠空間之上，這個過去以修繕火車車輛為主的廠區，除了有維修與製造車輛的各式工場、技工養成所、澡堂、食堂、宿舍、醫務室，以及派出所與黨部等單位設施外，最特別的是廠區還保有完整的軌道與移（吊）車臺系統，使博物館在規劃過程中得以藉由典藏車輛的實際維修及運轉，將整個過程作為動態展演的一部分，讓工業遺產不再只是遺跡，而是一個可以持續作動，與社區連結，和民眾互動的知識場域，使其得以「新生」並維持「有機的」（Organism）機械運作與「社會」連結，朝向建置一座「活的鐵道博物館」邁進。

　　然而，要讓工業遺址「新生」，展現鐵道文化的豐富多樣，除了將典藏車輛與設備進行「熱機式」的動態保存外，如何重新賦予及詮釋過去臺灣鐵道發展過程中的建築、設備、技術與職工文化的意義，甚至是展現更大範圍的鐵道文化，以充分達到建置「活的鐵道博物館」的目標呢？

鐵博在籌備的過程之中，除了善用並規劃廠區遺留下來的運作系統與廠房設備外，在園區修復整備的期間，即已同步展開與鐵道文化相關的各類文物之典藏、數位化、研究、策展等博物館核心的軟體建置作業，進一步累積研究典藏能量，及對各類鐵道主題進行深度的理解，試圖藉由「以軟帶硬」的方式，為未來開館後持續的展示更新蓄積能量與基礎，以達到「活的鐵道博物館」的建置目標。其中，對於過往鐵道從業人員進行「口述歷史」的採集，就是一項重要且必須要做的工作。這些生命歷程與職場生涯故事的採集，即是展現臺灣鐵道豐富歷史與文化的精髓，也是讓博物館能夠「活」起來，並訴說更多故事的關鍵元素之一。

　　因此，鐵博在首任籌備處主任洪致文教授的倡議，以及現任鄭銘彰主任的支持之下，乃於2021年開始啟動「鐵道人的故事口述歷史計畫」，由研究典藏組擔綱，並在臺鐵文資科的協助聯絡之下，以跟時間賽跑的態度，共同「搶救」鐵道從業耆老的生命歷程。同時在人力與業務量許可的情況之下，希望未來口述歷史能成為研究典藏組的常態業務或編組，定期進行鐵路從業的耆老口述訪談、整稿工作，並維持長期出版的形式，為保存鐵道文化與技藝／記憶，貢獻一些心力。

　　臺灣鐵道的類型豐富多元，除了以臺鐵為主體的客貨運以及軍事運輸外，還有許多因應不同產業需求而出現的鐵道，例如糖鐵、林鐵、礦鐵、鹽鐵等，每種鐵道類型都有不同的獨特風貌與文化。每種鐵道從業人員也有不同的工作類型與位置。因此，不同鐵道類型的從業人員所講述的故事，也都不盡相同。他們之中有許多人選

擇鐵道工作，有時候也跟親族、家庭背景，或是地緣關係有關。特別是臺鐵從業人員，有不少是因為親族的因素而進入臺鐵，同時家庭的因素也會影響人生觀與工作態度。因此，以生命史為核心，記錄鐵道從業人員的生命故事，對於理解臺灣鐵道文化與歷史，相較於僅關注聚焦在鐵道職涯，藉由完整的人生敘事，較有助於理解受訪者周邊的人事物因果關係，以及所帶出的職場文化。

此次《他們的鐵道時代：七位鐵道職人的生命故事》一共收錄七位鐵道耆老的口述訪談，他們受訪時的年齡最大是96歲，最年輕為82歲，涵蓋了臺鐵運務、機務、餐旅，甚至是國軍鐵道兵團的軍人，可以說是橫跨戰前到戰後初期，兩個時代、不同政權的鐵道人故事。尤其，近年具有日本時代經驗，或曾參與抗戰及國共戰爭的耆老已逐漸凋零難尋，使得此次的口述訪談紀錄尤為難能可貴。這七位鐵道人的生命故事，可以說呈現了各種類型與不同工作崗位的鐵道職人，他們所具備的技術文化與職場樣貌，不僅是個人生命故事與職涯歷程，也反映了特殊的職場文化與各自的人生觀，以及不同時代、政權與區域下的制度變遷與業務興革，不僅對於理解臺灣鐵道歷史與文化有直接的助益，對於整體的臺灣歷史，也具有一定的參考價值。更重要的是，這些鐵道耆老的生命軌跡，記錄著臺灣鐵道歷史文化演進的重要一頁，可以說是鐵道博物館呈現鐵道文化的核心元素。他們的口述歷史紀錄與指認證言，相信將會是鐵博「以軟帶硬」宗旨的要素，也是「活的鐵道博物館」最關鍵的核心與靈魂。

相信這本口述歷史不僅是個開端，它將會是可以一直進行下去

的系列叢書，也是一種屬於「永續」的業務。因此，我們不會只滿足於記錄「臺灣鐵道歷史文化演進的重要一頁」而已，還有更多故事、重要的篇幅等著我們去採集，只要臺灣還存有鐵道產業，故事就會如鐵軌一樣，持續地延伸、記錄下去！

國家鐵道博物館籌備處研究典藏組組長

| 導讀 |
珍貴口述紀錄串起的鐵道故事

　　在研究歷史的過程當中，人們往往追求一個客觀的事實陳述，我們也可能會用非常多的事證或人證，來尋找一個客觀的事實。然而，這世上很難有真正「絕對的客觀」，我們只能經由不斷的辯證與交叉比對，來獲得一個「相對客觀」的歷史事實。

　　在追求客觀歷史事實陳述的過程中，勢必會有許多的人為參與，而只要牽涉到人，就會有不同的人為介入，以及不一樣的觀點與看法，甚至有些人在當中還可能扮演著關鍵性的角色。這些記憶，不一定會出現在我們普遍認知的正式官方紀錄裡。因此，口述歷史、日記這些屬於個人記憶的史料，也就成為一種可以拿來與客觀歷史事證交叉比對的素材。

　　鐵道博物館籌備處從成立以來，對於這些日漸凋零的鐵道從業人員口述歷史一直相當重視，而這次能夠在研究典藏組的全力投入之下，完成了七位不同崗位的鐵道職人口述訪談，堪稱是一個非常重要的里程碑。

　　這次訪談的七位鐵道人物，他們的年紀分布在八十到九十幾歲的年齡層，可貴的是，他們受訪當下還能清楚表達各自的鐵道人生以及工作過程的點滴，確實是非常重要且應該收集的史料。此外，

這七位鐵道從業人員都分散在不同的專業領域，從機務的修車到開火車的司機員，也有運務方面的站長，以及餐旅總所開發便當附業的高階人員，甚至還有參與鐵道兵團的鐵道軍事人員，相當豐富。

乍看之下，這七位鐵道相關職人的工作好像各自獨立、互不交涉，但經過全面性的閱讀之後，卻意外發現他們在冥冥之中有著彼此的關聯。或許是因為他們經歷過共同的時代，站在相同的時空舞臺上，而讓我們得以運用這些口述內容，來補足歷史事件的不同觀點。

像是在簡清期老站長的描述中，就會特別提到他對鐵路局內部人際網絡的觀察。他指出，臺鐵的派系除了閩南、客家以外，還有非常關鍵的外省族群，但外省人還會依照區域跟軍種，再分出很多派系，那是因為當時政府把鐵路局的職務視為退伍軍人的出路之一，他們進入鐵路局之後，再被安插進各個不同的職位裡。

這個情況不只在運務出現，也發生在機務。例如鄭萬經前輩的回憶，也有提到他們曾經的廠長，是因為上校升少將沒有缺額，才被派到臺北機廠任職。這些軍人進到臺鐵之後，升遷的速度經常比在臺鐵工作多年的職員還要來得快。類似這樣的抱怨，在當時臺鐵的各級員工之間其實相當普遍。

由於戰後兩岸對峙的狀態，當年從中國大陸撤退來臺的鐵道兵團，也一樣延續到臺灣。本次口述訪談的王景標先生，就是一位從大陸時期就進入國軍鐵道兵團，然後一路到臺灣來的代表人物。他對於鐵道兵來臺後的任務以及組織的演變，有非常詳盡的描述，能夠幫助我們掌握 1950 至 1970 年代間，中華民國在臺灣的鐵道兵團運作狀況。在他的回憶裡，鐵道兵團的主要營部是駐紮在臺北的南

機場，一直到1971年才從臺北搬遷到臺中清泉崗的北大營區。其中，鐵道兵的四個連在工作方面各有劃分，例如運務連主要是以駕駛火車跟調度運輸為主，機務連則是修理火車，而工務連負責軌道養護，至於營部連則主要負責站務工作。這些鐵道兵團的國軍，為了能夠充分了解鐵道運作狀況，也跟臺鐵有相當密切的合作，並派駐各地做相關的實習與訓練。

王景標先生也提到，鐵道兵會派駐在臺鐵沿線的重要區域，但有時鐵路局無法提供他們宿舍。他還記得在八堵時，臺鐵曾提供兩節客車供鐵道兵居住，其中一輛甚至是有上下兩層床舖的木造臥舖車，相當特別。而為了讓鐵道兵也能夠充分理解鐵道運轉的實務，他們也常到車輛調度室去實習火車調度。

關於鐵道兵的狀況，對照曾擔任板橋站長的簡清期老先生回憶，也可以看到另一個面向。他28歲被徵召入伍，在這之前已經擔任過臺北車班的列車長，以及許多車站的副站長。當時國防部下令，有特殊專長的役男可以在新兵訓練中心申請特殊兵種，譬如說鐵道從業人員能夠申請擔任鐵道兵。所以他入伍之後，就被分發到鐵道兵團服役。他的回憶和王景標先生類似，在臺北南機場的鐵道運輸營本部，下轄運務、機務與工務連，而鐵道兵需要學習列車的調度與摘掛，所以曾在臺鐵擔任副站長的簡清期老先生就被指派擔任講師，教導其他的鐵道兵關於鐵路運轉規章的知識，這確實是相當有趣的一段。

簡清期老先生也和很多臺鐵人員一樣，都會提到自己在臺鐵局內的升遷情況相當坎坷。簡老先生擔任副站長的年資長達25年，他的許多同期或者晚輩都早已調升為站長或主任，但他還是副站長。

幸好在 1981 年元旦之後，他終於調任臺北站運轉主任一職，也曾在 1983 年改接總務主任，他一直在臺北站服務到 1986 年底，而後接掌板橋站站長。他服務於臺北站的時候，正是鐵路電氣化、臺北車站仍在地表上的最後黃金時光。這段時間和他一起搭檔的，則是當年第一位本省籍的臺北站長陳清標。

陳清標在 1980 至 1982 年之間擔任臺北站長，當時西部幹線鐵路電氣化已經完成，伴隨著南港調車場的興建，整個臺北車站面目一新，站務運轉也有許多改變。在口述訪談裡，陳清標特別提到他在臺北站長時期進行的多項改革措施，都是當時相當令人印象深刻的，例如在候車大廳安裝箱型冷氣，讓車站的環境更為舒適，以及在第一月臺設置通往天橋的電扶梯，方便旅客移動。當時第一月臺停靠的是南下列車，從前站進入的南下旅客並沒有太大的動線問題，但是第二月臺是往北迴線的東部各級列車，觀光客要提拿的行李非常多，為了方便旅客上下，所以特別在第一月臺加裝能夠直上天橋的電扶梯，這真的是一個從旅客需求出發的重要改革措施。

此外，當時臺鐵逢年過節經常一票難求，民眾排隊購票常發生糾紛。因此，陳清標首創「發號碼牌」的制度，讓購票流程更為公平。他也特別加強改良播音服務，希望旅客在清楚掌握乘車資訊的同時，也能聽到柔和的聲音。如果是經常出入臺北車站地下 1 樓的旅客，也許會注意到一面以大理石雕刻的書法，那是由書法家董陽孜揮毫所寫的〈禮運大同篇〉，它最初被放置在 1982 年落成的臺北車站第一月臺，而這正是陳清標於站長任內，為了營造車站人文特色的創舉。

1980 年代中期，臺北車站啟動鐵路地下化的改造工程。本次另

一位口訪的主角鄒錦松先生，就是在 1985 年 5 月的地下化工程時期接任站長。但原本擔任臺鐵工會主任秘書的鄒錦松先生，對於高層安排他接任臺北站站長一職感到相當鬱卒，這不但和他原本的規劃不同，鐵路地下化的工程也會加重站長工作壓力，所以他最初也是千百個不願意。但他也知道，接任臺北站站長後，能認識更多人，有助於開拓人脈與事業，會比待在鐵路工會更有發展。後來也如鄒錦松所預想，他在臺北站站長之後，順利往上晉升為臺北運務段副段長及段長，甚至還擔任過貨運總所總經理、運務處長等高層職位。

鄒錦松擔任臺北站站長時，剛好迎來淡水線停駛的歷史時刻，《民生報》舉辦「淡水最後一班列車」的活動，正是在他任內執行。至於 1988 年五一勞動節時，由臺鐵火車駕駛員聯誼會號召、動員了約 1,400 位的司機員在勞動節當天以不加班的方式集體休假，造成全臺火車大停駛的鐵路大罷工，鄒錦松則認為，此事可能是影響他離開臺北站站長一職的原因之一。因為他曾在鐵路工會擔任主任秘書，工會幹部大多與他認識，所以才被臺鐵人二室懷疑他與罷工的「火聯會」有密切聯繫，暗中支持罷工行動，因此被打小報告。

但這件事在郭約義前輩的回憶中，又有不同的面向。依據他的回憶，1976 年他就曾與鄒錦松、洪耀歸一起到陽明山上的革命實踐研究院受訓一個月，因為他是忠貞愛國的中國國民黨員，由此可見鐵路黨部與鐵路工會之間的密切關係。

出身臺鐵資深司機員的郭約義先生，剛好是在鄒錦松先生轉任臺北站站長之後，接下鄒先生原本臺鐵工會主任秘書的職務。郭約義的回憶提到，他是因協調 1988 年五一勞動節罷工有功，由鐵路黨

部推薦他擔任鐵路工會理事長,他也特別強調「火車駕駛聯誼會」是在他擔任鐵路工會主任秘書任內主導成立的。這個「火聯會」是由司機、司爐組成的聯誼組織,他們本來想要獨立成立自己的工會,但礙於當時政府規定一個企業只能成立一個工會,所以才改成立「火車駕駛聯誼會」,可見郭約義在火聯會的成立過程中,應該扮演了重要角色。郭約義先生坦承,1988年的這場罷工,上面壓,下面也壓,造成自己非常大的壓力,但資方的話不聽也不行,他也因為這項功績,被黨部推薦成為下一任的鐵路工會理事長。郭先生特別提到,當中的臺北機廠自成一格,不太偏鐵路工會這邊,因此他們也不願意去找這些人。從這裡多多少少能看到,雖然同屬於臺鐵機務部門,但修車與開火車的員工,確實有一些不一樣的認同與看法。

這些差異,更具體表現在一些工作經驗中,例如郭約義老先生講到,他當蒸汽火車駕駛的時候,看到水覺得很寶貴,畢竟蒸汽火車是燒煤吃水的,所以他對其他路線司機員在過橋的時候把水倒掉、進站再加的行為感到相當不妥。

但同樣一套蒸汽火車操作過程,更為資深的前輩鄭萬經老先生卻有不一樣的看法。他在訪談中說,蒸汽火車管線裡面堆積的水垢相當麻煩,水中石灰變多,水就會變硬,石灰會使鍋爐的熱傳導變差,所以他們以前都要在蒸汽火車的用水中加上蘇打,讓水軟化。後來他們曾經買了不會讓水結出石灰、形成水垢的藥劑,但行走一段時間之後,司爐到了橋邊就必須把水放掉,否則水太多反而無法加熱形成蒸氣,沒辦法產生足夠推力。這樣的操作,絕對有蒸汽火車在運作上的獨特道理,無非是希望增加運轉效率、減少水垢的作

法。而我們從郭約義與鄭萬經對於車輛的回憶，就可以發現開火車跟修理火車的兩種人，在很多觀念上確實存在不少差異。

值得一提的是，郭約義老前輩對於臺鐵動力柴油化初期的 R0 型柴電機車的一些回憶，和客觀事實有些差距，也值得深究。而他特別提到筆者當年在美國念書時寫信給臺鐵的事，也剛好讓筆者有機會作些說明。其實筆者並不是要求臺鐵買某一種特定的車，而是告知臺鐵高層，外國的柴電機車已經有更能保護駕駛安全的駕駛室構型設計，但臺鐵卻堅持要買傳統舊型、相對不安全的款式，實在相當可惜。這件事如何以訛傳訛，成為郭老前輩回憶中的一頁錯誤，相當耐人尋味。

相對於郭約義先生以開火車為主的回憶，一輩子幾乎都在修蒸汽火車的鄭萬經老前輩，則是臺灣鐵路發展歷程中重要的國寶級人物。他在日本時代就進入了臺北鐵道工場，歷經日本人離開後，自己努力拼湊修車技術的過程，可說是完全從基層出發，充分且完整理解蒸汽火車奧妙的重要人物。鄭萬經老前輩幾乎就是與這些蒸汽車頭為伍，一直到臺鐵戰後電氣化，最後一批因為戰備而留下來的蒸汽火車被淘汰為止。雖然他的職涯面臨無法升遷的困境，最後以臺北機廠副廠長之職退休，但在進入 21 世紀之後，臺灣的鐵道文化復興，蒸汽火車復駛，反而為他的退休生活開啟了新的挑戰，讓他的一身絕學得以傳承，讓下一代繼續學習蒸汽火車的技術。

鄭萬經老前輩一生奉獻給蒸汽火車，對同樣在臺北機廠修復的客車，就不是那麼熟悉了。不過他也提到，因為同在一個工廠裡面工作，他還是有機會聽到一些員工描述其他車輛修復的事情。他也

特別提起一位曾炎燦先生，小他三、四歲，差他兩期，腦筋非常好，也是日本時代就進入臺北鐵道工場的臺灣人。

鄭萬經老前輩特別提到的後輩曾炎燦，是在戰爭時期進入臺北鐵道工場的教習所。所以曾炎燦老先生在這次的口述當中，很詳細地描述了他在教習所內的生活，以及從預科到本科的學習過程。與鄭萬經老前輩不一樣的是，曾炎燦先生在戰後就一直被安排在客貨車相關的車件工場、新車工場工作，所以他參與了戰後臺鐵很多新車的製造。曾炎燦也強調，他並不是直接製作車輛，而是要看懂機務處提供的設計圖並予以轉化，領導下屬執行。所以，這些車的設計圖面，曾炎燦先生都要先看過，才知道如何組裝。

曾炎燦先生圖看多了，有些修改的部分他居然也能自己畫，我們在當年的一些圖面中，很容易就能看到由曾老先生繪製的改造設計圖。而他除了在廠內趕工，也會在下班時間加班畫圖，甚至在家裡自製一張繪圖工作桌。他退休後，憑著這般繪圖天份買書自學，用電腦 AutoCAD 畫圖，讓他退休後十年間賺到比退休金還多的錢，真的相當厲害。

這次出版的七位鐵道人口述訪談，雖然主角們都在不同的鐵道領域工作，但他們有著共同的時空背景，所以彼此間存在著相互串連的某些因緣。讀者從個別的口述文字紀錄中，可以看見他們各自豐富的人生故事，以及鐵道生涯裡難忘的回憶。但這些回憶卻又交叉編織出一個屬於鐵道人的故事網。或許，這就是口述歷史迷人的地方吧！

國家鐵道博物館籌備處首任主任

Chapter 1

蒸汽火車修復大師

鄭萬經先生訪問紀錄

圖 1 ｜ 鄭萬經先生參與 LDK58 號蒸汽火車修復時的工作樣貌。
資料來源：鄭萬經家屬捐贈館藏。

時　　　間	2021/11/24、2021/12/1、2022/3/31、2024/1/29
地　　　點	苗栗市鄭宅、國家鐵道博物館籌備處
使 用 語 言	客語、日語
訪　　　談	曾令毅
紀　　　錄	曾令毅、林裘雅
受訪者簡介	鄭萬經（1927-2024），苗栗客家人。1941年苗栗第一公學校高等科畢業後，1942年考入臺北鐵道工場「技工見習教習所」第5期，1944年畢業後進入組立職（工）場鍋爐附件班。1947年進入臺北機廠檢查股擔任蒸汽機車檢查員，1963年任柴電機車檢查員，1967年後歷任基隆機務段、七堵機務段、臺鐵機務處，1976年回任臺北機廠擔任柴電工場主任，1978年擔任柴油動力工區主任，1981年擔任材料組組長，1987年擔任工作組組長，1991年升任臺北機廠副廠長，於1992年自服務50年的臺鐵退休。退休後仍多次指導臺鐵、林鐵蒸汽火車的修復，是臺灣鐵路技術文化的瑰寶與活字典。

我的家世背景

　　我叫鄭萬經，昭和 2 年（1927）出生在苗栗，住所是新竹州苗栗郡苗栗街田寮三四九番地。以前我家是耕田的，我阿婆生十個兒子兩個女兒，但夭折很多，剩下四個兄弟。父親鄭紹魁，母親楊華妹，是苗栗公館的客家人，就是知名法醫楊日松的親族。1949 年我 22 歲的時候討老婆，是人家介紹的，他算起來是我表妹，是苗栗市西山人（今福麗里），婚後我太太都在家照顧小孩。我們一共有七個小孩，兩個兒子五個女兒。我兩個女婿是南部的客家人，一個是高雄美濃人，另一個大女婿是屏東新埤打鐵庄人，姓林，是當地的望族。

　　我阿爸家族有兩甲田，以前四兄弟分著耕作，種出來的稻穀也不算少，還算有飯可以吃。後來我三個阿叔去錦水的石油公司[1]吃人家頭路，只剩我爸耕田，做得十分辛苦。因為苗栗以前出產很多瓦斯，所以 1952 年的時候，就由美國美孚公司（Mobil）跟中國石油公司合作設立慕華公司肥料廠[2]，以 10 年的計畫利用苗栗產的天然

---

[1] 錦水位於苗栗縣造橋鄉，1906 年發現有瓦斯及石油的資源。隔年，臺灣總督府准予寶田石油株式會社取得開採權經營。寶田石油於 1921 年併入日本石油株式會社。而錦水開鑿的石油、天然氣也用於供應該地的原料加工產業。戰後，錦水地區的油礦產業改由中國石油公司臺灣油礦勘探處接管。收錄於國家文化記憶庫「臺灣新竹州錦水油田」：https://memory.culture.tw/Home/Index（2023/3/20 點閱）

[2] 1958 年中國石油公司在苗栗錦水一帶發現天然氣，1961 年中油與美國 Mobil 公司與 Allied 化學公司合作成立慕華公司，以天然氣為原料製造尿素以及液氨。這種利用天然氣生產石化產品的模式，可說是我國石化工業的開端。1971 年 10 月，由臺肥公司購併慕華公司苗栗尿素廠。1999 年 9 月臺肥公司民營化，同年 10 月因中國石油公司不再提供優惠價格的天然氣，故停產尿素相關產品，並開始後續事業的多角化經營。收錄於國家文化記憶庫「慕華尿素廠興建」、「苗栗縣慕華公司尿素廠」條：https://memory.culture.tw/Home/Index（2023/3/20 點閱）

圖 2 ｜ 1941 年鄭萬經公學校畢業照（最後排左一）。資料來源：鄭萬經家屬捐贈館藏。

氣來製造尿素肥料。我老家就因為這樣被政府徵收去了。大家集中起來才遷到現在苗栗市福安里新村。慕華公司在營運快 20 年以後，就因為無法再開探天然氣瓦斯而宣告停業了。

　　我家裡是耕田的，沒有專門培養讀書的人，也沒人教，所以我的求學階段只能靠自己讀。說句實在話，我頭腦算不錯，還蠻會念書的。1934 年我讀苗栗第一公學校，就是現在的建功國小。當時有四個班，我的老師說我家務農，就建議我去考農業學校，但我爸不願意，他希望我去考新竹中學。新竹中學主要是招考桃園、新竹、苗栗三個地方的學生，一個年級共有三班，一班五十幾個，以日本

人優先。我爸希望我考上新竹中學以後，去念醫科比較賺錢，但是我沒有考上。我們那一屆這麼多人，只有邱文光[3]一個人考上，他後來擔任過苗栗縣長。

鐵道職人新手訓練

我的大叔鄭紹堂，在日本時代最初是經由縱貫線苗栗機務段的領班介紹，進到臺北鐵道工場的組立（くみたて，裝配、組裝）工場當技工助手（手伝い；てつだい）。後來他覺得臺北太遠、不方便，在昭和 19 年（1944）就轉到石油公司工作。當時是我大叔介紹我上去臺北鐵道工場「技工見習教習所」[4]讀書的。那時我考新竹中學落榜以後，聽到大叔說臺鐵有在招考，就覺得畢業後可以靠自己努力打拚到等同於判任官[5]的「技手」（技術員），不但有錢領，又有往

---

[3] 邱文光（1928-1990），苗栗頭屋鄉人，苗栗第一公學校畢業後，考入新竹中學就讀，1946 年考入臺灣大學法學院，1949 年畢業後即任臺灣省政府民政廳科員，1954 年升任股長，1960 年任指導員。1960 年 12 月調任苗栗縣政府民政局局長。1968 年調任中國國民黨臺東縣黨部主任委員。1971 年任臺灣省黨部設計考核委員。1973 年當選苗栗縣縣長，1977 年再度獲選連任。參見陳運棟編，《重修苗栗縣志・人物志》（苗栗：同編者，2006）。

[4] 臺北鐵道工場技工見習教習所創立於 1938 年 10 月，作為推動專業技術人才的養成教育機構。1945 年終戰前共招收 8 期，第 1 期招募對象以鐵道工場員工為主，自第 2 期起方改為對外招募年滿 14 歲以上、17 歲以下之小學校及公學校畢業生，固定於每年 4 月進行招生，修業時間為 2 年 6 個月。教習所共招收 6 期學員，而第 7 期生修習期間遭遇日本戰敗，政權交替後，轉而成為改制之臺北機廠技工養成所第 1 期學員；戰後改制為臺北機廠技工養成所，迄 1981 年停止招生為止，總共招生 29 期。養成所教育以半工半讀、學藝兼修的方式訓練，是臺鐵機務單位基層技術人員重要的養成機構。臺灣鐵路管理局臺北機廠編，《臺灣鐵路管理局臺北機廠技工養成所歷屆同學錄》（臺北：同編者，2004）；黃俊銘等，《臺灣鐵路管理局臺北機廠鐵道產業文物清查研究》（臺北：國立臺灣博物館，2013），頁 79-80、99。

[5] 日本統治時期臺灣總督府轄下的官吏主要分為親任、敕任、奏任、判任四等，判任官主要為中低階層的官員。

上的進路，是一個好機會，所以我公學校畢業以後就上了臺北。

　　但公學校畢業後，因為我還沒滿14歲，沒辦法直接考臺北鐵道工場，所以我就先去臺北鐵道工場的「技工見習教習所」讀書，一共讀兩年半。前半年在念書，不會去現場。我們一共要念十多種科目，學科的話就專攻數學、幾何代數、三角函數等等。另外也要學習機械製圖、鐵路專門科目，了解機關車（機車）、客貨車、內燃機，還要了解臺鐵的組織、待遇，最後再讀一些常識，念半年以後才分發職場。那時候考臺北鐵道工場「技工見習教習所」一共要考四次，前三次在新竹考，合格後再通知到臺北鐵道工場考第四次。我記得第四次的考試有寄一張車票來給我，車票是三等車，車廂外表是黑

圖3 ｜ 1942年鄭萬經進入臺北鐵道工場「技工見習教習所」紀念合影。資料來源：鄭萬經家屬捐贈館藏。

藍色。當時的火車車廂，窗戶旁邊漆有一條帶子，紅色的是三等車，青色是二等車，白色是一等車。我記得在臺北鐵道工場考第四次的時候，差不多是農曆過年前後，日本時代農曆過年會休息。那時臺北鐵道工場的總辦公室只有一層樓。我在那裡看到了盛開的杜鵑花。那個杜鵑花很奇怪，沒有葉子，跟櫻花一樣全部都是花。當時看到有白的、粉紅色的、紅色的，全部沒有葉子，還參雜野杜鵑，真的好漂亮，看了很感動，也很難忘。本來辦公室前門的地方，全部都是椰子跟杜鵑花，現在都死掉了，真的很可惜。

　　昭和 17 年（1942），我通過第四次考試，變成「技工見習教習所」的正式學生。在我之前的一年級生，一個月只在第二週跟第四週各休一天，其他時間都沒有休息，是到我這屆才變成第一年每週四天念書，兩天現場實習；第二年每週四天在現場，兩天讀書，維持這樣的規律到畢業。我記得我進去的第一年就在現場跟著師傅修火車，當時傻傻地什麼都不知道。第二年後就多少會工作了，我還記得那時候帶我的老師是總管事。過 6 個月後會依志願分發，志願用工（職）場[6]來分。我的專業在組立工場[7]，組立工場的員工主要是用銼刀、打鐵鎚、斬鐵、鑽孔的鉗工技術，通常要腦筋比較好的。

6　臺北鐵道工場於 1935 年設立時，共有「組立、製罐、旋盤、工具、工機、鍛冶、台枠、仕上、台車、客車、貨車、木機、鑄物、電機、塗工」等十五個職場負責修繕火車。「職場」一詞為日文用法。游惠婷，〈鐵路局臺北機廠鐵道檢修產業之技工職場生活史〉（桃園：中原大學建築學系碩士論文，2012），頁9。

7　組立工場：為 1935 年竣工的松山臺北鐵道工場主要職場之一，主要工作為負責蒸汽機車之檢修，包含鉗工工作等 10 個工作班，戰後增加為 14 個，負責蒸汽機車拆裝、修理、改造、調整、試車、備品製造，以及蒸汽機車機務段配件修製等工作。臺灣鐵路管理局編，《臺北機廠工作人員手冊》（臺北：同編者，1974），頁 12。

其他像翻砂工場[8]、打鐵工場[9]、油漆、客車、貨車、鋸木工場等，就不一定。工機工場主要修理機器設備；車件工場[10]和電機工場[11]兩個地方也都很受歡迎，不過電機工場要數學能力比較強的員工，不是很好進去。

我們在「技工見習教習所」的時候，每天5、6點就要起床，起來以後要先整理內務，像是疊棉被、刷牙洗臉，還有擦睡覺的榻榻米跟擦「廊下」（ろうか，走廊）的木板。做完這些以後，要配合ラジオ（收音機）體操節目做體操，做完才能吃早餐。那時候體操有兩首歌。我不只記得這些體操的歌曲，〈安全頌〉[12]我也記得，這講起來會讓人流眼淚。一開始學習的時候，我們使用榔頭、鐵鎚這些工具都不是很內行，不太會用，不只手會起水泡，還常常會打到手流血。老師就會幫我們塗藥，塗的時候會很痛，老師會一邊塗藥，一邊念〈安全頌〉給我們聽，我們閉著眼睛，要聽也要默念，痛到

8　翻砂工場：1935年隨臺北鐵道工場設立，主要為鑄工及木模工作，擔任機車車輛及全廠設備所需配件的鑄件工作。戰後改稱為鎔鑄工場，主要工作為供應西線鐵路每日行車必須的鑄鐵閘瓦。臺灣鐵路管理局編，《臺北機廠工作人員手冊》，頁14。

9　打鐵工場：正式名稱為鍛冶工場，1935年隨臺北鐵道工場設立，主要負責鍛工工作，供應機車車輛、機務段、檢車段，及全廠設備所需的鍛造配件及各型彈簧。臺灣鐵路管理局編，《臺北機廠工作人員手冊》，頁14。

10　車件工場：主要為鉗工、機工及電鍍等工作，分成12個工作班，擔任車輛的風路水路、連結裝置、轉向架、車輪等拆裝，以及修理、改造、調整、試車、新製等工作，並兼供應車內及車頂的金屬配件。臺灣鐵路管理局編，《臺北機廠工作人員手冊》，頁14。

11　電機工場：處理車輛有關電工之部分。古庭維等合著，《臺北機廠台灣鐵道》（臺北：國家鐵道博物館籌備處，2020），頁88。

12　〈安全頌〉主要是戰前日本為強調工場安全，結合傳統的家庭觀與儒家思想（身體髮膚受之父母）的內容，而讓工場員工背誦牢記，以求工作時能夠重視安全，減少工安意外受傷的頌詞。警視廳工場課編，《工場安全教材》（東京：東京工場協會，1940），扉頁。

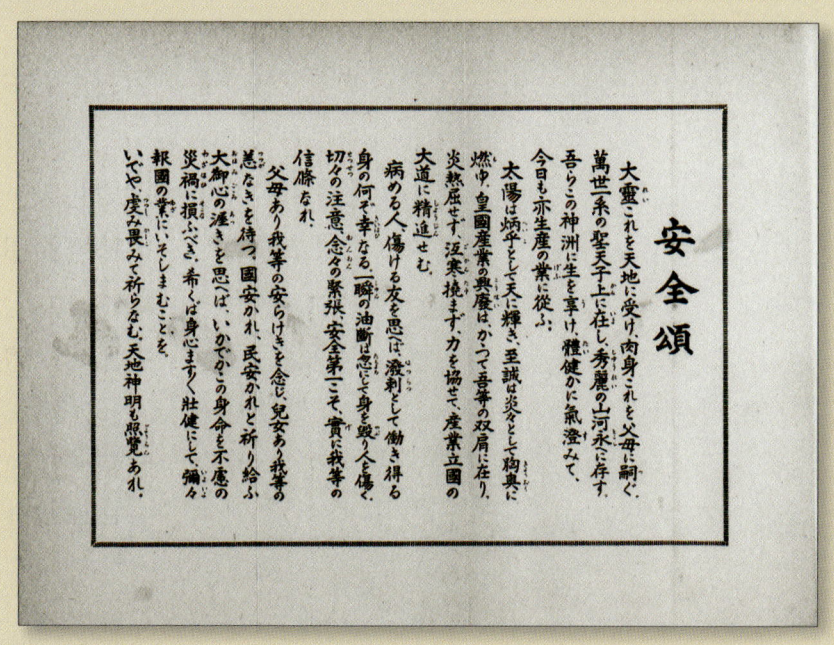

圖4 強調工場安全的〈安全頌〉全文。資料來源：警視廳工場課編，《工場安全教本》，扉頁。（日本國會圖書館藏）

眼淚都流了下來。〈安全頌〉講得十分有道理，內容是說父母都希望小孩平安沒有事故，身體要保護好，怎麼可以隨隨便便就受傷呢？這就是〈安全頌〉的精神，提醒我們工作的時候要小心注意、安全第一。6個月實習期間，每週有兩天的下午，老師會教我們念〈安全頌〉，希望我們記住裡面的內容，牢記安全第一。由此說明日本人對安全實在非常注重，而且連手被敲到都算一個事故，要記點數，不能漏記。以前重視安全的標準跟現在完全不一樣。

組立工場新生力軍

昭和 19 年（1944）我從臺北鐵道工場「技工見習教習所」畢業後，原本住的教習所學寮（ha̍k-liâu，學生宿舍，源自日語）因為太小，無法容納太多學生，於是我二年級生時就搬到下奎府町，就是到靠近現在南京西路的日新國民學校附近租房子住。以前的房子都是一樓的平房，有些蓋得比較高的平房上面有半層閣樓，我就跟三、四個年輕人一起承租、煮飯。早飯吃飽以後，我們就去臺北火車站後站或樺山站搭通勤火車上班。兩站離租屋處距離差不多，所以我們會看時間及班次，選擇就近搭車。

組立工場一共有 10 個班，在「教習所」的時候，我們要到哪一

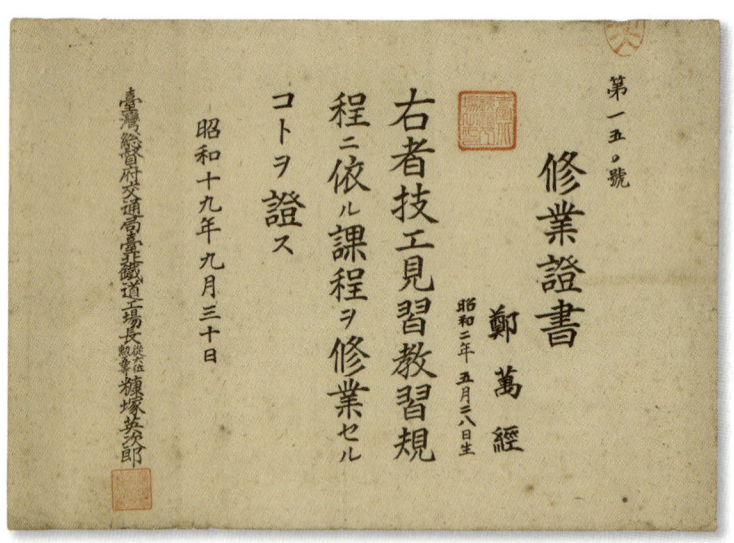

圖 5 ｜ 1944 年鄭萬經畢業於臺北鐵道工場「技工見習教習所」的修業證書。
資料來源：鄭萬經家屬提供。

班工作是不固定的,所以每一班我都有被訓練過。我當時的志願是組立工場的「鍋爐附件班」,負責處理保安閥、調整閥或其他閥門的保養維修等工作。通常一班以三人為原則,也有兩人一班,看工作性質,每班分為「頭手」(師傅)、「二手」(技工)和「三手」(技工見習)。當時在臺北鐵道工場的「交通手」已經算很大了,再高一階的「技手」(技術員)就是總指揮,具判任官的資格,他們要「看頭看尾」,位階很大。但臺北鐵道工場的「技手」員額通常是固定的,不能超過,若業務越來越多,真的有需求的話,就會改用「交通手」[13]任命。「技手」跟「交通手」都是領月薪,「交通手」也是判任官的待遇,但不受員額限制。整個鐵道工場最小的是「技工見習」,也就是學徒,要負責搬東西、拿工具,比如說拿「スパナ」(spanner,開口扳手)。一開始我當學徒的時候,什麼都不知道,像螺絲、スパナ的長度單位是幾分都搞不清楚。以前我們長度單位是講幾分,用的是英制,到我的時候已經改用公制,改講幾 mm。我們拿錯會惹師傅生氣,師傅東西就丟過來了。那時日本籍師傅的脾氣都很大。

組立工場每天主要的工作是修車,是固定的工作。以前還在「教習所」讀書的時候,學校有教動作作業,「タイムステージ、モー

---

[13] 1939 年 8 月,總督府以訓令第 66 號發布〈臺灣總督府交通手規程〉規定:1.臺灣總督府交通手的規定員額為 233 人;2. 交通手由在職 10 年以上且成績良好、技術優秀的鐵道現業員中選拔任用;3. 交通手的俸給為月俸 40 圓以上 145 圓以下;4. 日本人擔任交通手得準用朝鮮、臺灣、滿洲、樺太及南洋群島在勤文官加傳令。同月 5 日。鐵道部發令,任用 177 名交通手。據鐵道部編印《昭和十六年度年報》的統計資料,交通手的人數分別為 1939 年 171 人、1940 年 215 人、1941 年 218 人。但這項福利真正嘉惠的還是日本人職員,因為雇員階層仍以日本人為主,最低的傭員階層臺灣人才多於日本人。參見蔡龍保,〈戰時體制下臺灣總督府交通局的官制改革(1937-1945)〉,《臺師大歷史學報》第 42 期(2009 年 12 月),頁 310-311。

ションステージ」（Time stage, motion stage），意思是說一個動作要花多少時間、耗費多少料件、做多少東西都是固定的，沒做到數量就不行，會被認為是懶惰。日本時代我們鐵路員工的工作時間、內容全部有紀錄。我們做什麼東西、限度多少、超過多少、出去多少，全部都可以拿出來看。像是以標準工作來舉例，如果有一個很厲害的人來做，他做了10分鐘完成了80%，剩下20%的工作，包括上廁所的時間，都會記錄。車子大小不一樣，用了多少數量的零件、工具來修理也要計算進去，如果可以用最少的料件做出來，或是幾天之內修好就會有獎金。反過來說，如果沒有的話就會扣錢，不像現在大家都一樣的待遇。

　　這樣對動作與時間的要求，為的是整體工作的效率，是昭和13年（1938）倡議在臺北鐵道工場設立「技工見習教習所」的新鄉重夫所提出的現場管理方式。他也在「教習所」裡擔任教師。而「教習所」設立的原因，主要是因為公學校畢業，或是實業學校畢業的學生，無法立即理解當時臺北鐵道工場推動以追求效率為主的「作業流程」，因此在工場內設立技工養成學校，以培養具有時間管理與動作要求概念的學徒技工，才能在結業後適應現場工作流程，搭配現場「師徒制」的訓練，達到技術的精進，以及工場管理與修製效率之目的。新鄉重夫後來回日本，變成世界有名的工廠管理大師。[14]

---

[14] 新鄉重夫（1909-1990），佐賀縣人，山梨工業學校畢業後，1930年即以鑄造專長進入臺北鐵道工場（1938年任鐵道部技手），在職期間受到「泰勒制」學說的影響，曾以臺北鐵道工場為例發表多篇討論工場效率的專論。戰後，進入「日本能率協會」擔任顧問，協助日本製造業進行效率改進。1954年受豐田汽車邀請，協助進行生產技術的改進，確立了所謂的「豐田生產方式」，同時也陸續為三菱及松下等企業建立品質管理的模式，在日本製造業的品質

關於組立工場的作業時間，早上、下午各有 15 分鐘休息時間，可以去上廁所或在現場抽菸。菸通常是自己用紙捲的菸，或是「あけぼの」（「曙」牌）的香菸。中午有 1 小時可以吃飯休息，除了吃飯以外，有些人會去打棒球等體育活動。如果要午睡，因為日本時代組立工場沒有休息空間，也不能在組立工場裡睡覺、飲食，通常會在面對總辦公室花園、組立工場北側外面牆壁的窗戶下面小睡。戰爭末期的空襲打亂了我們固定時間休息的規定，日本戰敗以後就沒有改回來了。所以戰後初期就有人開始在組立工場裡面抽菸、吃東西、睡覺休息。我在 1967 年離開臺北機廠轉調基隆機務段工作，那時候還沒有人在組立工場裡面自己隔小房間休息，但 1977 年我回任臺北機廠後，組立工場隔小房間的情況就很普遍了。

　　不過，組立工場的情況還沒有那麼嚴重，客車工場隔小房間的情況最嚴重。主要是戰後客車的技術人員大多非日本時代以木工為主的客車技術人員，大多是戰後培養做「鋼體客車」的技術人員，因此他們比較沒有承襲日本時代的工場文化。1970 年代後，日本時代培養的技工大多都因升職或離職等原因離開現場了，所以這個現場文化也就沒有傳承保留下來，小隔間就越來越多。至於戰後美援的柴電工場，因為工場的地下室有廁所跟休息空間，所以是小隔間最少的工場。

管理方面作出重大貢獻，並在美國出版許多有關品質管理方面的專著。1970 年由昭和天皇頒授「黃授褒章」表彰，1988 年獲頒美國猶他大學榮譽博士，該校並設立「新鄉賞」，此獎也有「製造業諾貝爾獎」的美稱。日外アソシエーツ株式会社編，《現代物故者事典（1988-1990）》（東京：日外アソシエーツ，1993），頁 333；Shigeo Shingo, "Introduction", *The Sayings of Shigeo Shingo Key Strategies for Plant Improvement*, NYC：Routledge,1985. pp. XV-XVII.

我還是「小兵」（技工見習）的時候，被規定不能上車，能上去的都是師傅。那時候我只是在下面遞東西給技工，因為上面沒有地方放工具。我們常用的修車工具有「スパナ」（開口扳手）、「ハンマー」（hammer，鎚子），「ペンチ」（pinchers，鉗子）很少用。以前我們學鉗工，一個禮拜會花兩天的兩個下午來訓練，要學 6 個月。以前就會訓練三級，就像是現在的甲、乙、丙三級，每級 3 個小時要做好。光復後我的同學就有人當臺北機廠的鉗工老師，他也是苗栗客家人，還教出全國第一、二名。

　　過去臺北鐵道工場有澡堂，但是要在工場現場的人才可以洗。洗澡有分級，比如說，組立工場的人清洗車子，會被煤灰弄髒全身，這時只要主任寫一個單子，浴室守衛就可以讓你提早半個小時洗，不然平常洗澡時間沒有到，澡堂都是鎖起來的，澡堂的守衛全部都是日本人。不過，組立工場的人也不是每一次都拿得到單子，通常是車子大修才有。先洗的人其實也不多，組立工場那時候大概一百多個人，先去洗的大概也只有六、七個而已。如果身體髒的話，會先在外面沖洗好再進去浴室。身體髒的人如果沒有先洗，會影響到別人洗澡的時間。其他工場的人只能在規定開放的時間洗澡。基本上進去了要洗多久都可以，不過有的人要搭通勤車，就要洗快一點，住當地的人洗慢一點也沒關係。

蒸汽機車、車廂製造

　　木模和打鐵對火車來說很重要，這兩個都是在做火車零件跟設

備的，如果打鐵打不出來，就用木模製造零件。沒有它們的話，火車壞掉就不能運轉。[15] 蒸汽機車的零件很多都是用木模做的。我們首先是做木模，然後把木模裝到砂箱裡面，再倒進矽砂，把木模拔出來以後，把鐵水倒進去。木模拔掉後空缺的地方，冷卻後零件就做好了。矽砂原本是做玻璃的原料，但我們會採買來當成砂模。鑄模的矽砂粗細要剛好，如果太細的話，會因為砂子很密，導致鐵水跑不進去；太粗的話，就會掉進木模拔掉後空的地方，兩個都沒辦法把東西做好。

木模成品做好了可以用很久，除非有特別的才會去鋸木工場做。做木模的木頭如果是我們自己鋸，因為木頭還是溼的，鋸完以後木頭可能會變彎，所以要先經過變形程序再送乾燥室。乾燥室的鍋爐是用報銷的小型蒸汽火車鍋爐做的，燃料則是鋸木工場鋸完的木屑。木屑會被真空吸進鍋爐裡。鍋爐的壓力很低，只有 2、3 公斤，溫度也不會太高，否則木頭會裂開。

鐵路局通常會買幾種木頭：一是檜木，北廠用的檜木種類大部分是ベニヒ（紅檜），因為它的油脂比較多；另一種是ヒノキ（扁柏），它比較白，日本時代臺北機廠做木模的木頭，大部分是從阿里山來的，當時用扁柏比較多，後來扁柏越來越少了，才改買ベニ

---

[15] 蒸汽火車零組件一旦損壞，臺北鐵道工場的翻砂工場就需要製造零件。零件製造過程為：先用木頭刻出跟損壞零件凹凸相反的模型（即木模），接著將木模放進砂箱裡面。放入後，把調配好的模砂倒進砂箱裡面，填充砂箱，再取出木模。木模取出後，砂箱內會有凹陷處，此時再將液態金屬澆鑄到木模內，等金屬冷卻以後，新的零件就鑄造完成了。木模、砂模製造零件的好處是可以大量、快速生產與模型成本低。收錄於國家鐵道博物館，《裝模作樣——木模、鑄造技術與臺北機廠》：https://www.nrm.gov.tw/onlineexhibitionsublist?uid=187&pid=68（2023/4/7 點閱）

ヒ。光復後改用太平山跟八仙山的木頭。如果從阿里山來，在山上或嘉義火車站旁的製材廠就已經是半成品的話，就不用進乾燥室。

除了做木模的木頭外，客車或貨車也需要木板。這種的就會用卜ガ（栂，鐵杉），它比較軟，也比較便宜。卜ガ光復以後才買得比較多。另外。在客車還沒有鋼體化前，柱子會用泰國來的柚木做。

我以前沒有做過木模，在北廠「教習所」的時候也沒有做過。從「養成所」分到木模那邊的人，都是身體有點問題的，比如眼睛或是手。我記得第4、5、6期都各有一個是這樣。不過，很早很早以前做木模的人其實是很厲害的。以前有很多木模，因為有時候新人不知道以前的人做過了，所以會重複做兩、三次，就留下同樣的東西，有時候我一看就知道。民國六十幾年開始用連續式翻砂跟自動澆鑄（閘瓦），生產效能從一個月100噸變400噸，就不用木模了，改用鐵模，這樣效率比較高。

我不是翻砂專業的，但是光復以後，我接任過材料組主任，所以多少知道一些過程跟狀況。當時是讓材料處的人去看砂子的品質，但材料處是外行人，所以還會另外請翻砂技術員一起去現場確認。但是他們去工廠看的時候，工廠只給看粗的幾噸、其他的幾噸，現場沒有混合，所以他們也不知道混合之後可不可以用。後來砂廠從三義用火車載來，結果載來的矽砂跟我們去工廠看的品質都不一樣，被我罵得要死。他們都沒有混合好，根本沒辦法用，還不能退貨，怎麼辦？只能自己想辦法。

蒸汽機車、車廂編制

　　日本時代鐵路的客車號碼跟貨車號碼不一樣，貨物車是用「ヨコムナヤキシイヌンリクマルサオジ」，從 4 噸開始算，所以「ハワル」就是 25 噸的，「ジ」就是最後 50 噸的。客車編號只有用「コホナオスマカ」[16] 這幾個片假名來編號而已。比如說編號「ワル」的 25 噸貨物車是在做軍事運輸，它有兩個門，可以載軍馬，一頭馬由兩個阿兵哥照顧，人跟馬一起睡在裡面。戰爭末期因為車廂不夠，所以「ワル」借調當客車代用車。日本時代，鐵路客車分成一等車、二等車跟三等車，編號順序是「イ、ロ、ハ」。剛剛說「ワル」借調客車以後被歸類為三等車，所以這個車的編號就變成「ハワル」，這類型的客車裡面設有椅子。

　　以前一等、二等客車只給日本人坐，臺灣人坐三等客車。三等客車車廂前後會各放一個銅做的痰盂，一、二等車廂沒有放。那時候檢車段都有專門洗痰盂的雜工，他們還要負責撒藥粉、除蟲，戰爭以後就沒有放痰盂了。臺灣人吐痰很準，真的不知道為何臺灣人痰這麼多。李鴻章簽《馬關條約》的時候也有要求日本人準備痰盂。

英人俘虜鐵道工作

　　大東亞戰爭末期的時候，臺北鐵道工場有英國人在組立工場裡

---

[16] 日治時期客車編號與相對涵意如下：「コ」：22.5 トン（噸）未滿；「ホ」：22.5〜27.5 トン未滿；「ナ」：27.5〜32.5 トン未滿；「オ」：32.5〜37.5 トン未滿；「ス」：37.5〜42.5 トン未滿；「マ」：42.5〜47.5 トン未滿；「カ」：47.5 トン以上。

面工作。那是英美盟軍和日本人「相剋」（xiong´ cii ˇ，相殺）的時候，不知道是從馬來西亞還是新加坡抓來的俘虜，一共有十多個人，那時跟我一起做事的就有兩位。他們來幫忙修車、做木製飛機，像零戰那種的，不是赤トンボ。[17] 因為他是做圓的，不是四角的木製機翼，後來聽說也有很多「勤勞奉仕」的女孩子來幫忙。但光復前那幾個月我被調去虎尾了，就沒有遇到。我們被規定不能和一起工作的英國人說話，但有聽他們說以前修過自動車。原本他們從馬來西亞撤退到新加坡，在晚上想要逃跑的時候，就被日本人的魚雷擊中，整個晚上就在海上漂浮吃水。我記得他們一個官階是上士，一個是上等兵，姓名就不記得了。他們力氣很大，很多東西都搬得起來，我就搬不起來。那位上士人很高大，那時候我們都會同一首蘇格蘭民謠，[18] 我就唱這首民謠的日文歌曲，他就吹口哨伴奏。這是我們和英國俘虜一起工作的難忘回憶！

全員動員參與戰爭

戰爭剛開始時，還沒有學生來奉公。我的同事曾經被派去廣東和海南島，但那是被抓去的。那時中國被日本人占領，華北由滿鐵

---

[17] 此處受訪者的記憶也許有誤。根據日本海軍第 61 航空廠發動機部長田中春男少佐的回憶，當時主要是委託臺北鐵道工場的英籍戰俘，協助製作俗稱赤トンボ（赤蜻蛉）的「九三式中間練習機」的治具及零件。參見曾令毅，〈近代臺灣航空與軍需產業的發展及技術轉型（1920s-1960s）〉（臺北：國立臺灣師範大學歷史系博士論文，2018），頁 243。

[18] 根據訪談當時受訪者現場哼唱的曲調，以及受訪者對日文版的提示，當時他們一起哼唱和吹口哨伴奏的歌曲應是美國籍醫師兼音樂家的 Evan Williams 於 1851 年發表的 Dreaming of Home and Mother，這首歌由日本音樂家犬童球溪於 1907 年以原曲填上日文新詞改編成家喻戶曉的〈旅愁〉。

負責,華中給朝鮮負責,華南就由臺鐵負責,所以廣東就由臺北鐵道工場派人去修理,司機員也被派去華南幫軍隊開車。那時死了很多人。我一個新竹的同學陳春夫,他本來被徵調到特攻隊,但後來沒去成,因為第一次要飛出去的時候飛機壞了,第二次要飛的時候就光復了。另一個是吳再興,臺南白河人,他是去當日本海軍工作隊後回來的,我記得那時鐵道工場很多日本人被派到淡水當特攻隊準備出擊,後來也沒有死成。他們搭馬達小艇,前面放500公斤的炸藥準備撞船,好像叫作「震洋隊」,[19] 裡面就有我的日本人同學,還有當工作兵的兩位,他們大概是1926年左右出生的。

差不多在昭和18年(1943),有一輛很差的車子叫「粵漢九號」,它毀損得十分嚴重,在當時為日本占領區的廣東那邊無法修理,於是就送來臺灣修理。這輛車是標準軌(1,435mm),三個汽缸與臺灣的車不同,所以很多人不會修,因為它車體比較寬。後來被我們修好,有弄一條鐵路試車,確定修好了以後有送回去。本來臺灣的車子就不夠用了,大概昭和15年(1940),原本日本打算運5臺C50型的車[20] 到臺灣以後,再轉送到海南島,但因為海南島的鐵路一直沒有建成,就被臺灣接收留了下來,這型車與500型(CT150

---

[19] 1944年,日本在二戰中於菲律賓海戰慘敗後,實施「捷號作戰」,開始以潛艦、戰機、特殊兵器對美軍艦隊展開奇襲。其中,「震洋」即是利用小艇裝上炸藥的一種特攻兵器。參見陳柏棕、范綱倫,〈臺灣人・志願兵・震洋特攻隊:陳金村先生口述歷史〉,《臺灣文獻》第64卷第4期(2013年12月)。

[20] CT230型臺鐵蒸汽機車,1928年由日本製造,日治時期編號為C50型。1941年被日本軍方徵召,原本要送到海南島,但後來因故送到臺灣。謝明勳編,《臺鐵機關車110年》(臺北:鐵道文化協會,1996),頁94-95。

型）類似。[21] 至於與 C50 型性能不同的 C12 型[22] 本來有 5 輛，之後再買 2 輛，這樣總共也只有 7 輛，自己都不夠用了，當然也就沒有送去海南島了。

警報聲響全員疏開

　　昭和 19 年（1944）10 月 12 日，當時我還在臺北鐵道工場的組立工場工作，美軍開始空襲。白天空襲人要疏散，沒辦法在工廠，所以之後都沒辦法正式修理車輛，只能臨時性修理。我剛去組立工場的時候，臺北鐵道工場還能自己控制警報聲，用原動室鍋爐的蒸氣來發出「逼逼逼」的警報聲，後來改成公所（松山庄役場）用電動蜂鳴器發出「轟—轟—轟—」的聲音，我們聽到了以後，就趕快跑到組立工場指定的防空洞躲起來。

　　日本時代臺北鐵道工場有很多防空洞，我沒有細算過。那時的防空洞很簡單，所以炸彈炸下來沒有發揮保護的作用，還是很多人被炸死了。臺北鐵道工場就有人在鍛冶工場旁邊被炸死，事後同仁設立了四角型的木柱紀念碑，高度比人還高，大概 2 公尺左右，頂端有個小小的屋頂，用板子釘起來。

---

21 戰後臺灣鐵路管理局修正了日治時期的蒸汽機車編號。蒸汽機車編號為兩個英文加上數字，據謝明勳編《臺灣機關車 110 年》解釋：「第一位代表動軸數，第二位代表種類，『K』= 水櫃式（TANK），『T』= 煤水車式（TENDER），後面的數字編為不具特殊意義、從 1~999 的跳號式流水編號（部分附原形式記憶性）……」柴電機車之編號則在首位標註「R」或「S」，「『R』代表本線用大型機，『S』代表調車機」，後面數字與蒸汽機車邏輯同。以下出現各機關車型號意義皆可參考此註釋。謝明勳編，《臺鐵機關車 110 年》，頁 6-7。

22 CK120 型蒸汽機車，1936 至 1943 年由日本製造，日治時期編號為 C12 型，用於牽引客車與貨車。謝明勳編，《臺鐵機關車 110 年》，頁 74-75。

那次空襲一共有八個人殉難，其中日本人有三、四個，臺灣人之中有兩個是第 7 期，是還留在「技工見習教習所」讀書的後輩，他們和一個日本人過去那邊講話就一起被炸死了，實在是很倒楣。美國人丟下來的是 50 磅的小顆炸彈。有一位姓鄭的臺灣人，他被炸死以後，他的姪子就進來當「小使」（工友），後還升為「筆生」（書記）做抄寫文書的工作，光復後繼續在臺北機廠做事。有一位叫做曾炎燦，他原是新竹的閩南人，從花蓮那邊考進來，也是「教習所」第 7 期。因空襲被轟炸死亡的兩個臺灣人就是他的同學，他應該知道名字。曾炎燦是個很努力的人，在臺灣剛有電腦的時候就學會電腦製圖，他的腦筋很好，差我兩期，大概少我三、四歲。

終戰前夕調任虎尾

戰爭末期，日本成立鐵道大隊，他們會在空襲時，在列車最後面裝一臺貨車，貨車上裝防空機關槍。[23] 鐵道大隊的總部在彰化，在這裡南北替換。通常都是 P-38 飛機[24] 會來空襲火車，每次都來打機務段，苗栗那邊都有人被打死。

臺北鐵道工場的機器被空襲炸掉後，我們就被疏開到苗栗機務

---

[23] 1945 年 2 月，為進行戰時船舶與鐵道輸送之一貫運用，日本於第十方面軍轄下成立臺灣鐵道司令部，並將原駐於日本千葉的部隊緊急編成獨立鐵道第九大隊，以執行空襲損害之鐵道路線與場站修護，以及戰時軍事運送等業務。1945 年 8 月日本宣布戰敗後，獨立鐵道第九大隊仍持續於臺北鐵道工場等被盟軍空襲之場站進行修復工作。アジア歴史資料センター，Ref. C11110357500、C11110395100、C12122492800。

[24] P-38 俗稱「閃電」式戰鬥機，是 1939 年由美國洛克希德公司生產的一款雙引擎戰鬥機，是美軍在太平洋戰場上最被廣泛應用成功的戰鬥機。

段，重要的車床跟工具母機也被移到這裡，就像是臺北鐵道工場的分工場一樣。時間大概是 1945 年 6 月，當時是由謝進德當這個分工場的主任。[25] 我被調派到虎尾和斗南，虎尾、斗南的鐵道是臺鐵、糖鐵連接的三條股道，所以火車可以走製糖會社的鐵道到虎尾。[26] 高雄、嘉義機務段的車子要進行小修理會送到虎尾，我就在虎尾修車。我在虎尾糖廠曾遇到一個以前組立工場的主任，名叫田中，也是鐵團馬拉松的頭領。他因為把當時總務長官森岡二朗夫人森岡敏（愛國婦人會二代本部長）的頭像，跟裸女的相片移花接木，在傳閱時被工場長發現掌摑，而被降調到虎尾糖廠修理糖鐵車輛。沒想到我居然可以在虎尾遇到這位傳說中的人物。虎尾的物資跟食糧很豐富，薪資可以負擔日常的開銷。那時候我的日薪才 1 塊 1 毛 5，但因為我是僱員，所以出差費有 5 塊半。那時候一隻鵝才 5 角，米一斗 11 元耶，我這樣生活很夠用。虎尾不像苗栗，苗栗耕作多少就要繳多少，虎尾因為是吃嘉南大圳的水，可以 3 年輪作，水灌溉得到的地方，種了就算自己的，3 年才繳一次。

我記得那時候，有一個日本人同事青木秀雄很照顧我，他的職位是「技手」，曾經被派去廣東。那時我很年輕，還傻傻的，覺得

---

25 謝進德，1906 年生，苗栗人，臺北工業學校畢業，1933 年進入鐵道部工作課，1936 年轉到臺北鐵道工場。戰後初期曾任臺北機廠設施股主任，兼鍋爐及工具工場主任，1960 年代升至臺北機廠正工程司兼工區主任。參見檔案管理局典藏，〈遣送日琉籍人員〉，《臺灣鐵路管理局檔案》，檔號：A315180000M/0038/041/17；臺灣鐵路管理局，《臺灣鐵路管理局職員錄》（臺北：同編者，1967），頁 137；收錄於中央研究院臺灣史研究所「臺灣總督府職員錄查詢系統」：https://who.ith.sinica.edu.tw

26 虎尾糖廠被炸壞以後，用作臺鐵機車修理處。鄭萬經口述，游惠婷訪談，游惠婷、李家蔚紀錄，〈附錄三　口述歷史訪談〉，《「臺北機廠員工口述歷史及影像紀錄（第一期）計畫」勞務採購案》，頁 317。

青木他家很冤枉。他自己一個大人，剩下的婦人跟老人小孩，全部只有配給一點點物資，沒得吃很可憐。那時候我想說，我的錢夠用，所以我就買了2斗米給他，結果他竟然送薪水給我們出差人員，不敢免費拿我的米。我把米再送到斗南去，他還是不敢拿。後來，因為我搭火車不用錢，於是我就送到他家給他，他爸爸看到，感動到掉眼淚。後來他們引揚回日本前，據說遺留下的東西全部都要給我。我當時在打棒球沒有去，青木就叫我爸爸去。我爸因為不會講日本話，所以東西都被搶光光，最後只剩下一個時鐘。這個時鐘現在已經沒有了。

在日本時代，我有被升為技術見習，光復後就變成練習生，正式接收的時候派令就來了，屬於正式職員，月薪68元，專門做技術工作。[27] 日本時代我最高領到是日薪1圓1角5錢，光復後錢就變小了，政府發日本錢200圓，錢上面還蓋了陳儀的印章。那是我第一次看到100圓「青仔欉」的錢。[28] 以前連10圓都很罕見。那時候365日圓換舊臺幣1元的樣子。日本時代我也有參加鐵道職員共濟組合，這是鐵道職工的互助組織，組合的基金從每個職工的月薪抽一定的比例，大概繳納10%，舉凡職工死亡、傷病等慰問金及互助金的發放、鐵路醫院、宿舍澡堂、食堂都是共濟組合經營的。戰前臺

---

[27] 根據臺鐵檔案記載，鄭萬經先生於日治時期職稱為「臺北鐵道工廠組立職場技工」，1946年4月1日被升調為「技術見習生」，原薪資為45元，3個月試用期後應有逐步調整。參見檔案管理局典藏，〈臺北機廠升調員工名冊〉，《臺灣鐵路局檔案》，檔號：A315180000M/0035/34/1/1/008。

[28] 指1937年發行的臺灣銀行百圓券，其背面圖案為當時的經濟作物檳榔樹「青仔欉」。由於當時國民所得並不高，該鈔票面額大，見過的人不多，所以老一輩的人會用「沒見過青仔欉」來暗喻沒見過世面的人，或冒失的行為。收錄於中央銀行券幣數位博物館：https://cbctest.brightideas.com.tw/m/story_3-3-2.aspx（2024/3/12點閱）

北鐵道工場的食堂也是由他們經營。但因為戰爭結束時我的年資只有三、四年，所以拿到的結算金不多，只有舊臺幣 360 元，連買菸的錢都不夠。戰後初期，因為共濟組合結束停止運作，所以鐵道員工的互助機制基本上都停止了。薪資微薄加上通貨膨脹，大家的生活都過得很辛苦。

戰後初期混沌不明

光復以後，臺北鐵道工場重要的日本人都走光了，一個主任都沒有。就算暫時有日本人肯留下，也只有五、六個人而已，技術都不是很厲害，他們也只教我們半年。[29] 因為有些工作他們不曾碰過，所以很多都教錯，我們還要自己買書來學。臺灣人以前在日本人下面做事，所以上面的事都不知道，也太不會。後來來接收的外省人大多都不是鐵路專業，大陸的鐵路人不來，來的都是像公路局這類單位的人。以前臺北機廠分「甲、乙、丙等技工」三種等級，那時被大陸來的機務運輸的人看不起，覺得你們就是「工人」。來接收的全部都是大學畢業的，他們去巡視的時候都「素手」（空手），

---

[29] 日本於 1945 年 8 月 15 日投降，1945 年 12 月 21 日，臺灣省行政長官公署成立「臺灣鐵路管理委員會」，陳清文接任主任委員，從前臺灣總督府鐵道部部長武部氏手上交接臺灣鐵路事業。歐素瑛指出，戰後臺灣省行政長官公署成立「臺灣日僑委員會」協助非軍役日人及其眷屬返回日本，軍役日人則另由臺灣省警備總司令部負責。臺灣省行政長官公署自 1946 年 3 月 2 日開始執行日人回國作業。因日治時期規定，各行業重要技能皆被日人掌握，臺人無法習得，此時期若貿然遣返日人會致使各行業停擺，因此在必要人才遞補完成前先留用日人。隨後，因美國對日人留用持保留態度，加上二二八事件後，臺灣行政長官公署對在臺日人疑慮加深，因此 1947 年加速遣返作業，至 1947 年 5 月 15 日幾無在臺日人。慶祝臺灣鐵路百周年籌備會編，《臺灣鐵路百周年紀念》（臺北：臺灣鐵路管理局，1987），頁 343；歐素瑛，〈戰後初期在臺日人之遣返〉，《國史館學術集刊》第 3 期（2003 年 9 月），頁 201-227。

被大家笑得要死，因為這是完全外行的行為。最後，就像我們組立工場，只有三個臺灣人和一個外省主任，外省主任什麼都不懂，變成只有我們跟下面的技工在做。因為沒有學過，所以工作我就照以前見習時還記得的做，材料、工程管理、設備什麼的專業等等，升上來學了一段時間才學會。有讀書有理論的，就調上來做練習生，就像我一樣，其實也沒有降等。

1947年二二八以後，郎鍾騋[30]才正式來臺鐵，他就是鐵路的專家了。臺北機廠有一位技術主任會講日文，叫壽俊仁，[31]他是日本的工業大學畢業的，後來回去大陸，再來臺灣接收，是四個接收臺北機廠的重要人物之一。這個四個除了壽俊仁，頭領是劍橋大學畢業的吳慶源。[32]另外兩位是臺灣人，但不是半山，一位是總務姓陳，[33]在任的

---

30 郎鍾騋（1903-1990），河北省大興縣人，曾任湘黔鐵路湘鄉機廠廠長、湘桂鐵路工程局蘇橋機廠廠長、黔桂鐵路工程局正工程司等職，亦任教於上海交通大學。1948年3月1日臺灣鐵路管理局成立後，郎鍾騋於同年3月5日接任鐵路局局長，1949年離職返回上海，繼續在鐵路相關部門工作。慶祝臺灣鐵路百周年籌備會編，《臺灣鐵路百周年紀念》，頁344；溫文佑，〈戰後臺灣鐵路史之研究：以莫衡擔任鐵路局長時期為例（1949-1961）〉（臺北：國立政治大學台灣史研究所碩士論文，2010），頁155-157。

31 壽俊仁，1919年生，浙江吳興人，東京工業大學畢，1946年擔任臺北機廠技術課第二課課長，1949年接任技術組組長並兼任技術組計劃股長，後歷任副廠長、機務處設計課長，1960年代任機務處副處長、處長，1980年代任副總工程司兼科技室副主任。中華民國慶祝中國鐵路一百週年籌備委員會編，《中國鐵路創建百年紀念文集》（臺北：同編者，1981），頁221。

32 吳慶源（1903-1982），1926年畢業於國立交通大學鐵路機械系，畢業後赴英國研習蒸汽機車之設計與製造4年，1935年返國後任京滬鐵道機務工作，後再奉派英國倫敦擔任購料委員4年，期間曾赴德國研究枕木防腐技術，並於1936年返國。抗戰期間任職於交通部材料司，戰後奉派接收臺鐵臺北機廠，並擔任正工程司兼監理工作。後任臺鐵材料處長等職，專長為枕木防腐研究，1982年病逝於美國洛杉磯，享年79歲。邱式麟，〈追思吳慶源學長誄詞〉，《交大友聲》第293期（1982年4月），頁44-45。

33 陳夢鯉，福建人，1910年生，1946年5月6日到職臺北機廠，1947年4月3日因病卸任。檔案管理局典藏，〈臺北機廠總務組員工移交清冊〉，《臺灣鐵路局檔案》，檔號：A315180000M/0037/4-13/003/0001/003。

圖6 ｜ 1946年鄭萬經與同事在C55型蒸汽機車上合影（後排右一戴帽者）。資料來源：鄭萬經家屬捐贈館藏。

時間很短，我知道他是共產黨，當時還教我唱〈義勇軍進行曲〉。另一個姓嚴，是福利社主任，日本時代曾經去過大陸當過通譯。

因為光復後留下的日本人沒有教我們太多技術，加上空襲損害，晚上又沒燈，相撞受損的車輛臺北機廠修理不出來，所以後來才會拜託大同公司幫忙修理。[34] 那時候臺北機廠的車子只要進來就一直拆，但是沒有材料，沒辦法組裝，是要怎麼辦呢？人就只能在那邊閒著，車子也做不出去。那時候還沒有正確的檢修規則跟流程，只能依靠以前的做法依樣畫葫蘆。到底對不對我們也不知道，更不曉

---

[34] 1946年，臺灣鐵路管理委員會指定大同製鋼機械公司代為修復臺北機廠，並承包共577輛各式鐵道車輛的修復工作（1948年完成）。檔案管理局典藏，〈林煜灶林挺生侵占敵偽物資（隱匿日本軍物資）案經法院各審判決情形〉，《國防部軍法局檔案》，檔號：B3750347701/0041/3133061/61/1/002。

得說機器已經走樣、磨損、鬆脫了，總之問題很多。像以前有一個車，原本的做法應該是千分之一到八百分之一的緊度，但實際上機器已經有問題，我們還傻傻的照這樣量，還裝下去。我記得那個火車頭是 CT271 號，車子跑一跑到斗六站，車輪就這樣掉了出去。直到民國 43 年（1954），我們才和機務處一起參考以前日本人留下來的資料，討論出相關的檢修規則跟流程。民國 56 年（1967）這個檢修規則和流程還有修改過一次。[35] 另外，光復初期，聽說很多工廠的設備都被偷賣，但是臺北機廠沒有發生這樣的事情。

見證蒸汽機車變遷

光復以後，我在臺北機廠、基隆、七堵機務段都有修理過火車機車。

日本時代修理火車的材料有三種：一種是日本買來的，比較複雜，我們自己不會做，就買來放倉庫，像是光復後留下很多煞車系統；另一種是臺北機廠自己製造的；最後一種是現場臨時需要、不是常常換的，也要準備好。

領料的單子都不一樣。機廠就是要用最快的時間準備好材料修車，要不然車子入廠這麼久，這麼多錢的設備放在那邊沒賺錢怎麼行呢？臺北機廠存在的目的就是把車修理好，安全第一，快點出去，不能讓好幾百萬的財產在那邊睡覺，也要節省金錢。

---

[35] 根據受訪者提供的資料，由臺灣鐵路管理局編，《蒸汽機車檢修基準及部分品磨耗限度》一書，共有 1953 年及 1969 年兩個版本。

那時候我們也會接外包來做。以前工業沒有像現在這麼發達，臺北機廠有 16 座工場，可以說什麼都會做。所以別人沒辦法做的我們可以代工。公司的話，像製糖會社或肥料公司，他們的機器壞了不會修理，就會叫我們來修。

　　我們只負責修理，製造的話要交給臺灣鐵工所。臺北機廠隔壁的松山機械廠是光復後才有的，在現在臺北機廠靠東興路旁的 7-11，它們是做農機的工廠。

　　1967 年，我調到基隆機務段當修繕主任以前，都是在臺北機廠當機車檢查員，蒸汽機車跟柴電機車檢修都是我的工作範圍。大部分的黑頭車（蒸汽機車）我都修過。印象最深刻、最難修理的就是 CK80 型的機車。CK80 型[36] 的機車是日俄戰爭期間買來要相殺用的，但相殺完沒用了就送來臺灣。人家都說那是雜牌的。那臺車真的是亂七八糟，它有 3 個大輪子、1 個小輪子，車芯（輪軸）比較容易燒掉，常會「火燒心」（焼け軸，Hot Box）。車輪重量平衡也不好，不像後來的車輪會自動調整分配重量。這臺車 6 組車輪就有 6 組スプリング（spring，彈簧），沒有機器可以調整，完全都要靠手工跟經驗一個一個調整，但是人再厲害也不可能把每個車輪重量調得都一樣。因為不好修理，所以早在戰後初期就報廢了。其中有一輛送還給土城的工兵學校當教學用機車。[37]

---

[36] CK80 型為蒸汽機車，係於 1908 至 1911 年間日本將使用過的中古車運至臺灣使用。此型號原廠為英國製，因日俄戰爭需要多輛機關車，英國製造不及，轉將設計圖交由美國廠製造，因此有兩種不同風格。謝明勳編，《臺鐵機關車 110 年》，頁 44-45。

[37] 應指曾位於臺北縣土城的陸軍運輸兵學校。

CT270 型[38] 系列的機車，前導輪一個點，兩邊動輪一邊各一個點支撐，就變成三點支撐，檢修的時候就會比較穩。現在苗栗鐵道文物展示館就有 CT270 型。CT271~276 號是日本時代戰爭時期買的，1957 到 1958 年我們買的是 CT277~284 號，[39] 一共 8 輛，現在羅東、二水的公園都還有放置。這型車水箱有 12 噸、煤 8 噸，本來總共 20 噸，但這樣的話通常煤會不夠，開到苗栗車頭就有另外一臺車待命換車。換車頭差不多 5 分鐘，還要派人加水。機務段的人也會趁加水的時間，把煤推到前面，讓司爐比較好剷。後來這型車改成水箱有 12 噸、煤 18 噸，總共 30 噸，這樣就可以從臺北直接開到高雄不換車，這就叫長距離運轉。

　　蒸汽火車管線的水垢以前是有機器專門清除的。日本時代半個月就要清理一次水垢，一個月要兩次，後來一個月才清一次。我們會在蒸汽機車要用的水裡面加蘇打，讓水軟化。但車開到苗栗時，水裡石灰就會變多、水會變硬，石灰會影響鍋爐，讓熱傳導變差。一直到買了 CT277~284 號以後就不需要這樣了。開始長距離運轉以後，我們跟法國的公司買 T.I.A 藥劑[40]，主要用於清洗鍋爐，藥劑放

---

38 CT270 型為蒸汽機車，由日本日立製作所、川崎車輛製造，日治及戰後皆有購入，共 14 輛，專門牽引旅客列車。臺北機廠曾自行組裝成功美援的 CT277 車。謝明勳編，《臺鐵機關車 110 年》，頁 88-89。

39 CT277~284 號機車為 1953 年依美援向日本日立公司購入，並由臺北機廠組裝。參見周琇環編，《臺灣光復後美援史料・軍協計劃（一）》（臺北：國史館，1995），頁 130。

40 T.I.A.（Traitement Interne Intègral Armand）指機車鍋爐給水處理方法，透過藥劑投入的方式改善給水和鍋水的總硬度、鹼度、導電度、矽酸鹽及酸鹼值，可有效減少鍋爐系統的水垢，避免鍋爐、煙管等不因傳統藥劑洗爐而腐蝕及汽水共騰。1955 年後臺鐵便使用此方法進行蒸汽機車鍋爐之水質改良及清洗。陶先榮，〈法國鐵路機車鍋爐給水處理方法 (T. I. A.) 概要〉，《臺糖通訊》第 21 卷第 6 期（1957 年 8 月），頁 14-17。

下去比較不會結石灰（水垢）。[41] 蒸汽火車走一段時間要到橋邊把水都放掉，要不然水太濃就無法加熱形成蒸氣，水跟蒸氣無法分離就無法發動引擎，所以我們都會算火車跑多久會到河邊，一到河邊司爐就會把水打開來倒掉，放水的地點大概在進苗栗車站之前的後龍溪鐵橋，整個縱貫線應該也有其他地方可以放水。放的時候轟轟轟地水聲很大，這是長距離運轉之後才有的做法。

我也修過EK900型，[42] 這型車日本時代就有了。它的輪子有5個，以前山線的上坡道爬上不去，需要2臺火車母（火車頭）推，因為EK900型爬坡比較好用，力量比較大，也比較重。這型車一般放在新竹。至於隘寮溪載砂石的車，我認為應該是600型（DT560型）[43] 才對。600型的剩13臺，全部在嘉義跟高雄兩個機務段，就放在以前的高雄老車站、高雄港站那邊。以前機務段為了車頭的方便，叫做「東（ひがし）分庫」，正機務段在港口那邊，就是現在的「舊打狗驛故事館」。

戰後，我們從甲南車站拉了3臺蒸汽火車回來。2臺是DK500型，就是以前的A-6型，1臺是臺鐵報廢的E302號（後來的EK901

---

41 檔案管理局典藏，〈機械設備管理規則〉，《臺灣鐵路局檔案》，檔號：A315180000M/0050/068/003。

42 EK900型為蒸汽機車，於1915-1918年間由日本汽車會社製造，常使用於陡峭山線。謝明勳編，《臺鐵機關車110年》，頁52-53。

43 DT560型為蒸汽機車，由美國製造，在1910年末引入臺灣。此車型為日本委託美國廠商製造，為當時日本島內使用之9600的仿造型。DT560有5輛曾被改造成燃燒「微粉炭」裝置，此裝置雖可減少黑煙，卻容易因為煤炭純度不夠、內含鐵粉而容易爆炸。1958年9月21日上午自高雄港開往華山站北上522次貨物列車，採用日本時代戰時型的DT687號車頭，在富岡至楊梅站區間78.9公里處爆炸，造成司機曾仁樓（新竹香山人）、司爐邱王章（苗栗銅鑼人）重傷，另一司爐陳安松（苗栗竹南人）輕傷的事故。謝明勳編，《臺鐵機關車110年》，頁66-67；〈火車爆炸 司機司爐重傷 楊梅發生車禍〉，《聯合報》，1958年9月22日，第四版；〈楊梅縱貫道上 機車鉛管爆炸〉，《公論報》，1958年9月22日，第三版。

號），這3臺都是日本時代的鐵路局賣給土木局的。

　　日本時代A-6型有很多臺，大概43臺左右。原本是烏山頭水庫用，後來移給臺中港築港使用。但是因為戰爭的關係，日本沒有錢繼續築港，所以車輛就沒有使用，放在新高港（臺中港）的甲南車站靠海的防風林附近，被沙子屯了快一半，都沒有人要，戰後才叫鐵路局拿A-6型的7和12號2臺回臺北機廠。這型的車比較有利，可以走山線，動能小拉力又強，要2臺車母才有辦法犁（拉）出來。所以修好以後，拿來放在臺北機務段華山站調車。

　　另外還有1臺日本時代是300型（戰後改為EK900型）的302號蒸汽機車，車輪比較小、牽引力較大，日本時代由鐵路賣給臺中港，拿回來就改叫做EK901型。雖然車子回來的時候都爛掉，但是臺北機廠都還有零件可以替換修理。臺東線762mm窄軌的小機車LDK59號也是一樣，曾被拿到澎湖去，就算海風吹得崩光光，我也是有辦法修理。

檢修制度和技術的更迭

　　以前還沒有探傷機的時候，我們只能用人工檢查。小件零件用眼睛看，或用小鎚子打下去。聽聲音。如果是平的地方，就先用柴油洗；擦乾以後，用乙炔放火炭煤、瓦斯燈噴下去，如果有裂縫就會顯現出來。雖然後來買了探傷機，卻都沒有人訓練，只丟一本書讓我們自己去搞。那是我們臺北機廠檢修股的人自己弄、自己摸索出來的。我們臺北機廠的探傷機，主要是拿來檢查火車車芯（輪

軸），怕會斷掉會危險。每 6 個月車子檢修就要照。車輪是我管的，轉向架也是。大概沒有人比我要內行了，這個出錯會死人的呢！後來還有電磁探傷儀器，那比較複雜，裂掉就會有反應。更後來還有カラーチャック（color check，彩色探傷），這些技術一直都在進步。

1978 年我曾經和莊培城去日本研習過探傷機。[44] 最初這個機器是用在臺北機廠檢修車輛，但因為 1960 年代石門水庫建造期間，需要使用探傷機，於是叫我們去看。那時的美國顧問很厲害，他發現有問題，可是沒有器材可以證明。後來，美國顧問從中國土木工程學會那邊得知我們廠裡有超音波探傷機，機器在檢查股，就叫吉普車載我們到石門水庫幫他檢查。石門水庫的水要經過發電機，有一個 20mm 的鐵板，用探傷機檢測以後，發現裡面真的有問題。美國人後來把這些鐵板全部還回原廠（石川島播磨工場），讓他們賠了一倍。

以前沒有檢查股，是組立工場自己在管。後來 1947 年成立檢查股，屬於技術組，跟現場切開來。這個檢查股進場了以後都有檢查的規範，比如說磨損、耗損的程度，還有什麼程度叫做修理好，等等。檢查股會寫單子讓組立工場依照這個標準，也會有檢查員要來檢查，不是隨便的。例如說，工場有 1 臺コンプレッサー（compressor，壓縮機），它的風泵跟電氣（參數）要多少，壓出的空氣容量、蒸氣消耗量都會記錄下來，沒有依照這個標準是不行的。

---

[44] 檔案管理局典藏，〈檢送本局臺北機廠工場主任鄭萬經等兩員赴日本「研習鐵路車輛車軸超音波探傷技術」報告書〉，《臺灣鐵路局檔案》，檔號：A315180000M/0067/013/004-003/4/001。

我記得 1950 年代開始,臺北機廠開始採「據點式」[45]的方式製造車輛,2 天就可以做出 1 臺車。第一天第一據點要做什麼,第二據點幾個小時後要做,都按照順序,就像生產線一樣。這是有新車工場之後,開始做貨車時才有這樣的工作方式。民國 42 年(1953),臺北機廠為提高修車品質,開始推行「甲修機車出場檢查制度」[46],分成甲、乙、丙三種,甲修 3 年一次,又叫大修,乙修是 1 年一次,丙修是半年一次。[47] 比如說 CK101 號蒸汽機車的煙管因為比較薄,容易壞,所以在乙修的時候就要換一次,到甲修就變成除了煙管,連鍋爐都要拆下來,依規定進行水壓試驗,大概是常用壓力加 35%,15 分鐘都沒有事情才算通過。另外要檢查的內容還有活塞(piston)會不會漏,其他地方會不會鬆掉等等。通常機務處會指定哪一臺要做,再來打分數,而且有評分表,不是我們自己要做哪個就做哪個。如果自己指定的話,就會拿本來就是好的東西來檢查,那就不算是真的檢查。這個檢修制度後來好像就沒有做了。另外,我們也會定期舉辦檢修比賽,各機務段會派代表來競賽。

　　以前修車有檢修(オーバーホール,Overhaul)制度,那是要技術的。比如像活塞環(ピストンリング,piston ring)環多大,就

---

[45] 所謂的「據點制」即為 1959 年臺北機廠為了因應臺鐵客貨車的製造需求,乃利用美援經費於臺北機廠東南側新蓋新車工場,並將原有的客車工場與車件工場連成三個據點的生產線,試圖在舊有臺北機廠以修護組裝的工廠框架之下,達到二戰後工廠製造的常見、符合一條龍的製車與組裝之快速生產模式。參見行政院國際經濟合作發展委員會編,《臺灣鐵路建設運用美援成果檢討》(臺北:同編者,1964),頁 42-43。

[46] 臺灣鐵路管理局編,《十年來臺灣鐵路》(臺北:同編者,1959),頁 88。

[47] 另外,除了「甲修機車出場檢查制度」,1953 年臺鐵開始也公布蒸汽機車「日常、半月、一月」的蒸汽機車檢查標準,檢查工作主要由各機務段負責進行。臺灣鐵路管理局編,《蒸汽機車日常‧半月‧一月檢查標準(西線)》(臺北:同編者,1953)。

要配合規程自己製作。那時候基隆有很多引擎公司，他們什麼零件都有，我們就自己拿壞掉的環到現場去比尺寸，有一樣大小的就拿回來工廠修理。像我那時候修理 CK101 號，一開始也是不知道リング（活塞環）要怎麼做，也沒有蒸汽機車用的大尺寸リング，也是透過這樣的方式，才把 CK101 修好。

以前還有ガソリン（gasoline，汽油車）[48] 的時候，我們還要量汽缸跟活塞環的內徑超過多少，因為活塞環如果用久了變不圓了會漏氣啊。但是那時候沒有リング的零件，我們工廠就要自己做。像是零件要車多少、削多少，全部都是要技術的。車削活塞的精密度算「條」（0.01mm）的。黑頭車也有汽缸、活塞構造。如果有一組汽缸、活塞是新造的，那這組シリンダー（cylinder，汽缸）跟ピストン（piston，活塞）差 3mm 就可以了，太小的話會卡到。如果汽缸和活塞的差距超過 6mm 就要換ピストン了，這些規格都有特別的規定。另外，1954 年汽油車要改成柴油車的時候，主要是由大陸來的大學實習生楊孟普、李孔謀、鄧家琳、王旦聖等人，[49] 將日本的三

---

[48] 1930 年代初期，行駛於鐵道上的キハ 100 至キハ 200 中型汽油車被引入臺灣，隨後キハ 300 至キハ 400 大型汽油車也被引入，此類車型作為旅客列車使用，有著特殊的流線型外型。二戰期間因汽油短缺及汽缸龜裂而停駛，戰後接收時幾乎不能行走。後因美援替換成柴油引擎，再經改裝後，車體形狀與結構已經與原本購入時不同，編碼方法也經更動（DR2100 至 DR2400 型柴油客車）。1990 年末因引入新型柴油客車，因此該批車輛不再行駛。目前僅存 4 輛，由國家鐵道博物館籌備處保存。收錄於國家鐵道博物館籌備處，〈DR2100~DR2400 型柴油列車〉：https://www.nrm.gov.tw/vehicle?uid=128&pid=6（2023/4/7 點閱）；時報悅讀網，〈洪致文的鐵道世界－鐵道映像室：克難號〉：http://www.readingtimes.com.tw/timeshtml/authors/railroad/index2.htm（2023/4/7 點閱）

[49] 楊孟普、李孔謀為中央大學機械系學生，鄧家琳為北京大學機械系學生。檔案管理局典藏，〈(訓練)37 年度各大學實習生〉，《臺灣鐵路局檔案》，檔號：A315180000M/0037/6/11/234/019、029。

家廠商、美國的兩家廠商生產的引擎相互比較，測試結果為美國固敏式的引擎比較好，所以採用至今。

以前每個シリンダー尺寸都不一樣，都要自己車、自己削。現在都規定好了，什麼規格的壞了，只要裝上去就好，不用再自己製造了。比如，我和美國 GM（通用汽車）買シリンダー，假設今天我買的汽缸尺寸變大了，就要看他的 over size 多少，假設有 30、60、90，那我的零件超過 90 就不能用在這個汽缸上面了。有些會漏氣的就沒辦法用了，要丟掉。不過現在都有現成的リング，買尺寸可以的套上去就好了。

我現在老了，只有我自己知道這些東西，慢慢在做，已經沒人可以傳承這些知識。雖然老了，手腳沒那麼靈活了，但怎麼做的程序和數據我都記得。比如說リング新上去的時候，要和汽缸預留 0.5mm 間距，如果太緊的話，活塞會卡住，留太多太空的話會漏。當差距到 3mm 的時候就要換，這些都是固定的。現在的人都不知道要怎麼替換，因為現在火車壞掉，拿新的東西、零件來換就好了，不像我們以前還要自己做零件。

臺北機廠冒離職潮

1960 到 1970 年代臺北機廠有一陣子的離職潮，外省人離職的比較多，臺灣人比較少。那時候有好幾個主任不做了，因為外面有很多工作好做，所以覺得不如去外面開公司。像機器工場的主任就是跑去臺中港，組立工場的主任跑去頭份的塑膠公司。那時候是沒有

人挖角我去外面上班,因為我來臺北機廠本來就想要一輩子待在這裡就好。如果要考慮賺錢的話,那個時候買土地就可以賺很多錢了。當時松山土地一坪才300塊,我都沒有買,現在一坪要100多萬!

蒸汽至柴電轉換見證——基隆、七堵機務段

1967年,我調到基隆機務段去當修繕主任。那時因為有宵禁,晚上工作沒有通行證不行,我不加入國民黨的話,通行證就不發給我,於是我就在那個時候入黨了。我是因為工作需要才不得已入黨的,我在臺北機廠檢查股20年都沒加入了,為什麼要這個時候才加?加入國民黨以後,鐵路黨部每個月都要開小組會議。我記得有三大任務,要服務大眾什麼的。我本來是想說我好好工作就好,什麼黨跟我沒關係,一般入黨是要求升官什麼的才會想加入,我沒有要升官,所以當初就沒加入,入黨完全是因為工作需要。

那時候基隆機務段用黑頭仔車來調車,黑頭仔車一共10多臺,如果要調車,一次就要用8輛車子同時來調車。後來黑頭仔車就減少了。七堵機務段調車場成立,並設立駝峰式調車場後,[50] 基隆機務段調車的任務就全部改由七堵機務段負責。這個調車場完全是為了貨運而設,那時候很多貨櫃從日本運到基隆港。1973年,我被調到七堵機務段,這裡處理基隆港口進來的貨櫃車,或是普通車輛。七

---

50 臺鐵七堵駝峰式調車場於1972年2月啟用,為紓解華山、基隆、八堵等因基隆港之國際貨櫃量大增而興建的調車場,每日調車能量約為2,400輛。參見國防部史政編譯局,《臺灣省政府主席黃杰任內台灣省政府施政報告彙編》(臺北:同編者,1984),頁214-215。

堵一共有 24 條股道，貨櫃車拖到山丘上，就用電腦控制第幾車要去第幾股線，當時是用 S400 型[51]的車子，這種柴電機車可以設定自動定速，時速大概 6 公里。像這臺車要去哪裡，我們就設定讓機關車拖到駝峰，駝峰上有一個切力プラー（coupler，連結器）的調車員，車子上去以後，駝峰會切連結器，上面就會控制這一臺車要去第幾個股線，比如南部的糖廠、肥料廠，或是北部，還是宜蘭線等等。那時候還沒有北迴鐵路。一次有 20 輛車上去駝峰，20 輛放完後就會再拉一列車上來。

美援影響臺灣的火車，從蒸汽火車頭換成柴電機車頭，還有坐臥兩用客車車廂。機車頭的話，那時候進來的是 R20 型柴電機車頭，一開始有 8 輛，前面原本就有裝惰輪。裝惰輪不是因為臺灣的鐵軌比較差，會造成輪子損壞，而是因為裝惰輪能讓轉彎比較容易，要不然輪子很大沒辦法轉彎。輪子的前面有前導輪，這是轉彎用的，有時因為承重，前導輪要裝到 2 組。另外，SP32700 型坐臥兩用椅客車，[52] 是 2 臺先在日本做好送來，另外 10 臺材料弄好從日本送來，由臺北機廠組裝，加起來一共 12 臺。我那時在檢查股管動力車，管客車的回來跟我說，日本的技師是以前是臺鐵回去的，叫做今井淳，

---

51 S400 型為柴電機車，1969 年由美國製造，是七堵駝峰調車廠專用的調車機，近年轉東北部使用。謝明勳編，《臺鐵機關車 110 年》，頁 116-117。

52 1956 年 8 月 18 日，《聯合報》報導時任交通處長的侯家源談及松山機廠正建造坐臥兩用車廂。1959 年 11 月 19 日則報導在美國援助下，在原有的 2 輛自裝、續裝 8 輛後，再增添 12 輛坐臥兩用車廂。1957 年 4 月 1 日正式上路。〈交處訂購新車 改善客運 鐵路公路均有盈餘侯家源報告省交通〉，1956 年 8 月 18 日，《聯合報》（2023/4/7 點閱）；〈鐵路局大量裝配 坐臥兩用客車 高雄招待記者試乘〉，《聯合報》，1956 年 11 月 19 日，《聯合報》（2023/4/7 點閱）；〈坐臥兩用車 4 月開始 參加行駛〉，《聯合報》，1957 年 4 月 1 日（2023/4/7 點閱）。

他以前在車輛課（應為鐵道部工作課技手）。最先的 2 臺是原裝，後來的 10 輛是我們自己組裝的。今井他代表日本車輛公司來臺灣指導。這型客車喝茶的話要花 2 塊錢，還有不鏽鋼的菸灰缸，本來是固定的，後來會弄傷客人，所以變成可以拿下來換。客車我不大內行，我專門搞機車。剛剛說那個客車的是我們同一個單位的人，一共有五個人，他們在東邊的客車工廠上班，我在西邊的組立工廠上班，吃飯的時候回來一起吃，有什麼消息都會講。

戰後買了 R100 型[53]柴電機車來拉莒光號以後，本來打算把蒸汽機車淘汰掉，但軍方為了要反攻大陸，所以差不多 1977 年就保留 55 臺蒸汽機車在新竹機務段。這 55 輛有 CT270 型 14 臺、CT250 型 9 臺、DT650 型 32 臺。DT678~682 號這 5 臺戰時型的不算，這種戰時型的危險，因為戰爭要求速成，所以很多東西用 5 年就不行了，鍋爐也會一直爆炸。但是日本人很夭壽，只能用 5 年也沒跟臺灣講，臺灣就傻傻的一直用，後來在楊梅爆炸，死了一個新竹的司機員，真的很可憐。所以後來 DT678~682 號這 5 臺就被淘汰了。

55 臺蒸汽機車被保留下來以後，臺鐵本來要我去做新竹維修中心主任，但我不願意。卜元禮[54]那時當機務處長，要派到新竹機務段在當修繕主任，但有人說我不適任機械主任，所以我就不想幹了，

---

[53] R100 型為柴電機車，1969 年由美國製造，當時負責牽引最新的「莒光號」列車。謝明勳編，《臺鐵機關車 110 年》，頁 106-107。

[54] 卜元禮於 1983 至 1986 年擔任臺灣鐵路管理局局長，1976 年曾奉派至美國進行「奉派赴美英瑞典協商與討論電化鐵路動力車輛工程及順便考察各國鐵路」任務，應於此時擔任臺灣鐵路局機務處長。檔案管理局典藏，〈唐榮鐵工廠股份有限公司〉，《臺灣鐵路局檔案》，檔號：A313480000K/0065/144-1111/1。

要辦退休，但我的段長不把我退休的申請書送上去，於是我就請假去看醫生。當時請假並不容易，都要醫生證明。總之我去鐵路醫院拿到證明以後，就請假去外面做事情，沒有去上班。段長沒有辦法，這才把辭職信拿去給卜處長。卜處長覺得奇怪，一般都是上面不任用某人當主管，怎麼這個人自己主動不要當主管？於是就把我叫去。

那時候卜元禮處長要配合臺北機廠的機械人員帶隊去美國買R100型的車子，我當時在七堵機務段做機械主任（1972-1974），他沒有要帶我去美國，帶去的是電機主任。卜處長就講：「老鄭啊，我不是不帶你去，因為我們機務處要配合電機的人去，下一次有機會的時候再讓你去好不好？你再回來上班啦。」其實我不是因為沒帶我去美國才不去上班的，是因為我英文不夠強，加上那時候我爸爸又剛過世，我媽媽不會講臺語，來到臺北不習慣，沒有人照顧很可憐，所以我要回去照顧她。處長知道以後就說：「保養中心設在新竹，我從美國回來以後派你去新竹當蒸汽機車保養主任好不好？你在苗栗通勤比較方便。」那時候我想，既然黑頭仔車要淘汰，那我就沒有用處，所以我就不幹了。當時處長急著出國，就跟我說：「現在沒有時間跟你說，反正過年到了，你來上班、幫幫忙，我回來一定給你想辦法。」卜處長回來以後，就調我去機務處第三股，專門負責黑頭仔車的調度跟保養。

守護臺北機廠機車頭——再回臺北機廠

我當臺北機廠材料組長（1981-1987）的時候，臺北機廠的正工

程司員額只有 9 個，但有 4 個沒有在工廠做事。當時的廠長是婁啟庸，[55] 他是阿兵哥軍人來的，因為上校升少將沒缺才派到這裡。我是副工程司，他卻派一個阿兵哥中校，借別人的缺當正工程司，我也無可奈何。他有權可以升，而我 18 年沒有升職了。到我這邊有缺，應該要升我的時候，又說借人的缺要還，變成又是他的人升，我又沒辦法升，這是要怎麼辦呢？也不能怎樣。要是換成別人，早就不幹了。做事有我，升職卻沒我，但我遇到就算了，該做的就做，不能占著茅坑不拉屎。

我在臺北機廠當材料組長的時候，有一次買控制板，被省議員罵，還害到局長，當時還是省議會時代。那時候電車來了，其中一輛車電路板壞了，就得要買電路板，但詢問原廠代理商，他說要買多才賣，光一組它不賣。之後我發現臺灣有廠商會做，就叫臺廠做一樣的出來，一共做了 5 組，這樣就被省議員罵說我圖利廠商。我寫報告上去解釋，電路板壞掉沒處理要怎麼辦？電路板壞了，車就不能走，不可能讓幾千萬的車子晾在那邊沒賺錢吧？但是省議員說：「為何沒有給士林電機、東元電機這種大廠做，讓小工廠做？」我回答說，大廠要做好幾千組才要幫你做，連小工廠至少都要 5 組才要幫你做。

其實如果叫東元幫我們修馬達，他們的技術不錯，不過價錢比較貴，所以他們標不贏人，我還要拜託他們來標。通常都是報價比

---

[55] 婁啟庸，浙江紹興人，陸軍兵工工程學院（後身為中正理工學院）上校出身。1980 年至 1992 年擔任臺北機廠廠長，是戰後任職時間最長的廠長。

較便宜的廠商得標,可是便宜的廠商修的不耐用,東元修一次可以用很久都沒有問題。後來我叫東元來標,他們都不願意了。事後我自己猜測,省議員會在意,可能就是沒有和美國的代理商買,省議員可能和美國代理商講好了,所以害局長在省議會被罵,局長又被罵得不知所以然。

類似的例子還有ベアリング(bearing,軸承)。以前自強號EMU100型常常在跑,一天可以賺十幾萬。但是馬達軸承很容易壞掉,常常要換。軸承上面有一串編號,前面會標註國際編號,代表這些馬達是哪裡的工廠製作,比如說有美國的有Kaydon、Timken兩間公司,瑞典的SKF公司(Svenska Kullagerfabriken),或是德國的GMN公司(GMN Paul Müller Industrie GmbH & Co. KG),後面是軸承的代碼。本來應該是要和引擎原廠買軸承,但是這些馬達公司自己沒有製造軸承,而是和製作軸承的公司購買,再打上自己公司的編號。原本我們的做法是和德國做軸承的公司買,再調瑞典SKF的零件,但是這樣做的話貴很多。而且材料組長跟我說,全部買來也不夠用,馬達那麼貴又大,船運要3個月、飛機一個月才會到臺灣。因為這樣,我就去找在臺灣的日本軸承公司,買一樣號碼的軸承來換。比如說,現在有一臺EMU的馬達壞掉了,我就看軸承上的號碼。前面會顯示它是英國馬達公司製造的EMU馬達,後面是軸承的編號。那日本的ジェイテクト(JTEKT)公司如果有賣同樣號碼的軸承,我就買來替換。當時還沒有人敢這樣負責。

1989到1990年,我本來要從工作組組長升副廠長,但是因為我能擔任副廠長的時間只剩2年,要升的話不合規定,所以就升不

副本

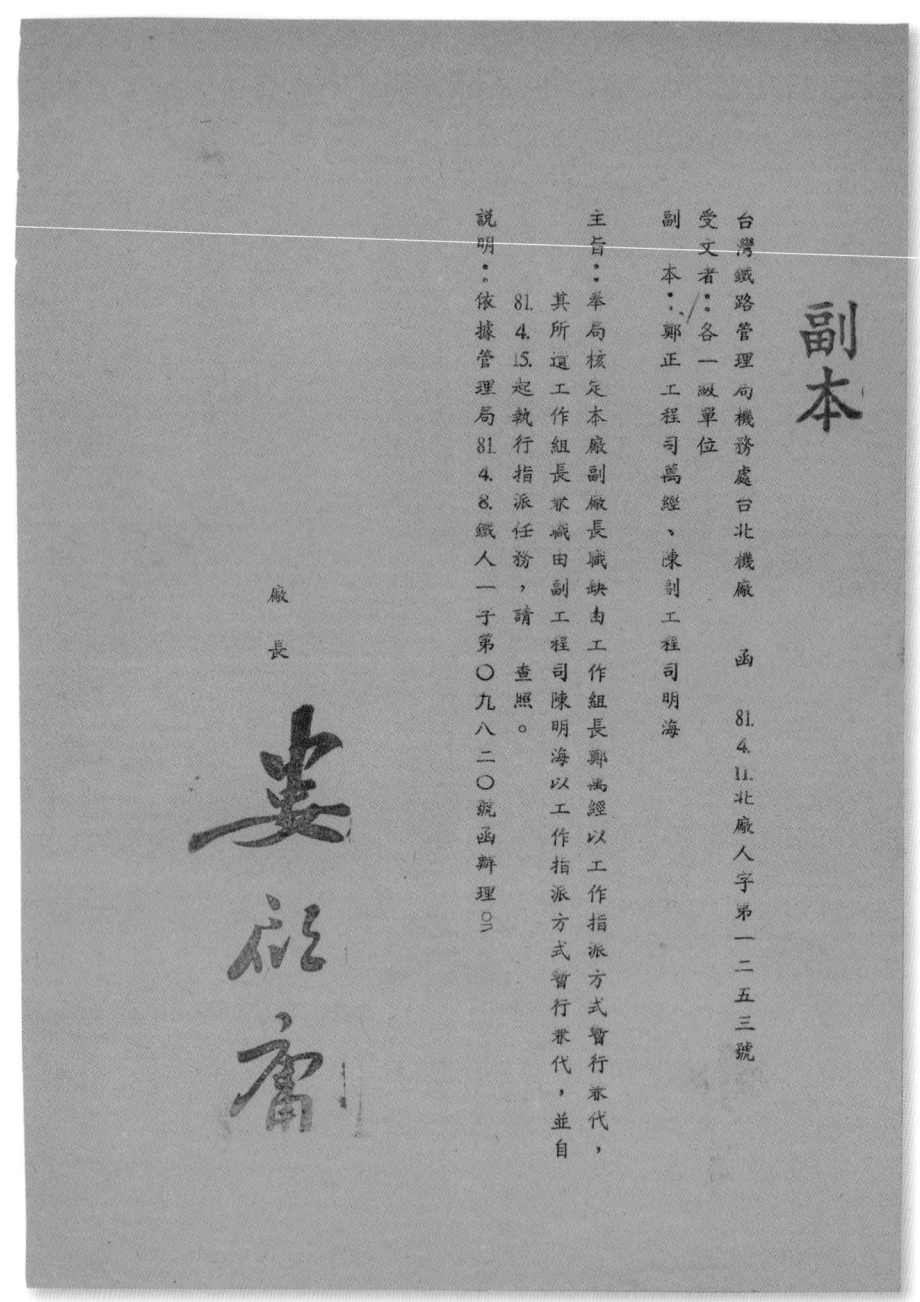

台灣鐵路管理局機務處台北機廠　函　81.4.11.北廠人字第一二五三號

受文者：各一級單位
副本：鄭正工程司萬經、陳到工程司明海

主旨：奉局核定本廠副廠長職缺由工作組長鄭萬經以工作指派方式暫行兼代，其所遺工作組長兼職由副工程司陳明海以工作指派方式暫行兼代，並自81.4.15.起執行指派任務，請查照。

說明：依據管理局81.4.8.鐵人一子第〇九八二〇號函辦理。

廠長　姜〇〇

圖 7 ｜ 1992 年退休前一週才收到以「工作指派暫行兼代」的副廠長任命書。
資料來源：鄭萬經家屬捐贈館藏。

上去。但我的退休年齡要到了，明明副廠長有缺，還是不讓我升。1991 年，我先到副廠長室當「業務編制」，這樣就不用報銓敘部。我雖然在副廠長室工作，但其實沒有實際的職位，也沒有職章，只有私章。代表廠長出去開會也沒有派令，可是我得做一部分副廠長的工作，錢沒有比較多。以前我當組長、工區主任時，廠長婁啟庸帶來 4 個由軍職轉任的正工程司，由於他們在工程司室占了位置，我就沒得升上去正工程司，直到 1988 年在工作組長任內才升正工程司。因為這樣，直到 1992 年我要退休前，都還達不到最高薪。

退休後，我曾去阿里山林鐵幫忙修復蒸汽火車，當他們的顧問。他們那邊有 25、26 和 31 號火車頭，我現在正在做 21 號的修復顧問，[56] 最近會完工。至於臺糖的蒸汽火車，他們的零件比較少，這跟車子的大小比較沒有關係。臺糖沒有エヤーブレーキ（air brake，空氣韌機），只有比較簡單的手動韌機及蒸汽韌機。

鐵道「客人」安身立命

光復後鐵路局會有這麼多客家人，我的見解是臺北人不做，自己有錢可以賺。客家人老實，身體又健康，卻沒工作可做，所以客家人就去擔任機務段的練習生。日本時代新竹、苗栗、彰化機務段採用比較多年輕人，3 年訓練體力。若成績好，段長會推薦你去考司爐，訓練你 4 個月畢業後分發到宜蘭、基隆、臺北、嘉義、高雄等段。

---

[56] 阿里山林業鐵路現役蒸汽機車為 21、25、26 和 31。鄭萬經先生提到的 21 型蒸汽機車，於 2019 年開始修復工程，2022 年 12 月 24 日復駛。〈110 歲國寶級阿里山林鐵 21 號蒸汽老火車 塵封 43 年修復完成復駛〉，《聯合報》，2022 年 12 月 24 日。

那時苗栗人都願意去開車，所以司機司爐都苗栗人比較多。但這工作需要人家介紹，日本人的介紹很要緊，校長或老師的介紹都可以。像我親弟弟就是個例子，日本時代要考鐵道工場需要保證人，保證人要鐵道部判任官以上的才可以。但是我沒有認識的人，於是我就想到，我老師的爸爸是臺鐵的，我就拜託他。和他認識了以後，我弟弟14歲就被介紹進去訓練，訓練3年後，再4個月員工訓練所訓練，出來以後就被調到臺北去當司爐了。

因此光復以後，客家人就比較多人在鐵路局，[57]加上又互相介紹，有缺就進去，所以客家人就變得比較多。我還有五、六個堂弟在機廠。但介紹也是要介紹好的人，而且介紹以後還是要考試，考上了才可以升。就我的看法，臺北機廠沒有外省、閩南、客家人的派系，像我的同學，日本人、福佬人、客家人都一樣，沒有分派系啦，日本人也不會啊，日本人也是有幾個比較壞，會欺負臺灣人啦，但也沒有整群的臺灣人跟日本人打架的情形。

為國轉換語言？否也，為生存

光復以後，我很拚命地讀中文。不會講中國話是要怎麼辦？我就去日本時代臺北高商辦的補習班學北京官話，有ㄦㄌ音捲舌音的

---

[57] 根據鄭萬經口述，日本時代北廠約有一千多人，主要為日本人。戰爭爆發後，日本人逐漸減少，組立工場僅約百餘人。1943年鄭萬經剛到鐵道部時，客家人稀少：北廠僅20多位，組立工場有7位；北廠養成所全部83人中，鄭萬經同期的客家人僅4人，其中3位來自苗栗、1位來自楊梅，有1位閩南人因被竹南客家人警察收養，會講客家話，但非客家人，無南部客家人。

那種，去學了半年畢業，有證書留下來。可是我沒辦法念臺北工專，因為政府不承認教習所學歷為中學學歷，專科又得要有中學學歷才能考。後來我去考中學同等學力的專門檢定考試，3年要考8科，但是考到最後數學和英文沒過。主要是戰爭末期禁止念英文，只要學好日文就好，所以就造成這樣的結果。

二戰結束後，在中國大陸變成國民黨與共產黨在打仗，我聽日本人講說，因為國民黨沒有兵，要試驗性的徵召臺灣人，一共兩千人吧，好像叫做「臺灣軍士教導團」[58]。當時臺北機廠有六、七個人被調去當兵，都少我1歲。調去鳳山2年以後，有些有回來，有些就沒有。我知道有一個叫做梁天來的有被調去，他現在還健在，但耳朵聽不見了，是第7期的。還有一個叫做徐錦輝，他日本時代改姓為福山。有一次不知道光復節還是什麼的，做了一齣話劇，那時候臺灣人加入國民黨的少，他就做一齣日本時代學校教的話劇，居然在臺北機廠演出日本時代「中日合作」（汪政府與日本）的劇碼，於是就被人注意。之後政府要抓他，他害怕才加入國民黨。光復初期還沒那麼嚴重，他就沒有被槍斃。那時候還有人教我唱〈義勇軍進行曲〉，也都還可以唱。徐錦輝可以說是臺北機廠第一個加入國民黨的臺灣人。之後還有謝進德也加入國民黨，他是日本時代臺北

---

[58] 1950年國民政府徵召1928至1929年出生，且日治時期初中畢業以上、體格甲種的男性入伍服役，當時名稱為「陸軍軍士教導團」，總司令為孫立人，於今高雄鳳山衛武營與臺南服役，人數約4,000人上下，入伍1年8個月以後接獲「歸休」通知，由於歸休不算退伍，因此衍生相關問題。依當時服役於軍士教導團的人闡述，多數認為當時的軍士教導團為今日徵兵制前身。陳永笙，〈臺灣陸軍軍士教導團成員口述訪談實錄〉，《宜蘭文獻》第83/84期（2009年12月），頁16-69。

工業學校[59]畢業的，有做到判任官。之後他為選國大代表，加入國民黨。他有參加丘念台組的「光復致敬團」[60]，有去過大陸。日本時代臺北機廠的臺灣人判任官只有他一個人，這兩位加入國民黨的時間差不多。光復後臺北機廠就有在演話劇了，當時歌仔戲、唱歌也各有一團，都是臨時招的，為的是要去鳳山訪問、勞軍。那時臺灣人還不會唱中國歌，所以一開始都唱日本歌。那時臺北機廠的話劇團可以說是全廠支援，會表演的、唱歌的都去。我的同學李金崑會唱歌，那時候也有參加，現在住在汐止還健在。

工作娛樂同時兼具

以前我會打很多種球類，算是很活躍，臺北有很多女生要嫁給我。我棒球打的是鐵路局的代表隊，守備位置是ショート（Short，游擊手）。日本時代我只有學著打，沒有真的參加。而且當時又正在戰爭，真正開始打棒球是光復以後的事了。原本打球也是自己打著好玩，後來鐵路局以成立籃球隊為契機，請外國菲律賓的華僑回

---

[59] 戰後改為臺北工專，今國立臺北科技大學。

[60] 臺灣光復致敬團由丘念台召集，起因為丘念台觀察到光復初期臺灣島上人民與國民黨軍民互有齟齬，為使雙方相互信任，因此於1946年6月起，拜訪臺灣各界有力人士到南京拜訪，以使雙方相互信任，但丘念台也自敘陳儀對臺灣光復致敬團出訪多受行政長官公署設立不合理條件阻撓，包括不得見蔣介石、不許林獻堂為團長、陳炘為團員等規定。8月29日丘念台共召集李建興、林叔桓、林為恭、林獻堂、姜振驤、張吉甫、陳逸松、黃朝清、葉榮鐘、鍾番，財務委員陳炘，秘書李德松、林憲、陳宰衡等共15人出訪南京，途中未遵照臺灣省行政長官公署規定，由中央黨部帶領拜謁中山陵、面蔣中正及中央官員等。關於「臺灣光復致敬團」之介紹，可進一步參見許雪姬，〈「臺灣光復致敬團」的任務及其影響〉，《臺灣史研究》第18卷第2期（2011年6月），頁97-145。

圖 8 ｜ 1951 年鐵路棒球隊參加勞動節運動會獲獎合影（前排左二為鄭萬經）。資料來源：鄭萬經家屬捐贈館藏。

來打，才叫我們這些人去拍照，因為我們打贏球了。一開始我們是自己參加的，不是鐵路局的球隊。後來鐵路局要做名義，五一勞動節運動會才拍照片。我還有留照片，裡面有局長莫衡[61]、福利股長等，都是外省人。

時代之下人人自危

戰後初期，我的臺北機廠同學和同事，也有一些人消失不見被

---

[61] 莫衡，上海交通大學畢業，1949 年 3 月 4 日接任臺灣鐵路管理局局長，1957 年兼任交通處長。參見慶祝臺灣鐵路百周年籌備會編，《臺灣鐵路百周年紀念》，頁 344。

抓走的。我的第 5 期同學就有 2 個,被抓去火燒島關 15 年被放回來。其中一個是第 5 期的吳再興,[62] 是去當日本海軍的工作隊回來的。5 期的還有 2 個,也是被關十幾年,名字我忘記了。還有第 8 期的郭兆慶,[63] 身材很高大,第 8 期還有一個吳海瑞[64] 也被抓走。他們被抓走,印象中是和大陸共產黨有關係的樣子,原因可能是因為本局的工作課長鄭福春[65] 是頭子才被抓去了。鄭福春以前在日本讀書,後來回臺灣當課長,參加讀書會。他是滿鐵來的,臺鐵的標誌就是他設計的,好像有 10 萬元獎金的樣子。郭兆慶就是他牽的,因為他們一起打棒球。我也有打球,但是沒有參加他們的組織。那時候我們臺北機廠好幾個被抓,老的我就不認識,他們可能是因為讀書會被抓走。我自己是沒時間參加他們的讀書會。我記得工機工場有一個年紀比較大的領班被槍斃了,組立工場有一個年輕的也被斃掉,名字我忘記了。[66]

---

62 吳再興,1925 年生,臺南縣人,臺灣鐵路管理局嘉義機務段助理工務員。1957 年以「參加判亂組織」為由被起訴,被判有期徒刑 10 年。收錄於國家人權博物館轉型正義資料庫「吳再興」條:https://twtjcdb.nhrm.gov.tw/Search/Detail/13837(2023/2/23 點閱)

63 郭兆慶,1929 年生,新竹縣人,臺灣鐵路管理局臺北機廠機車匠。1950 年以「參加叛亂組織」為由被起訴,被判有期徒刑 15 年。收錄於國家人權博物館轉型正義資料庫「郭兆慶」條:https://twtjcdb.nhrm.gov.tw/Search/Detail/15448(2023/2/23 點閱)

64 吳海瑞,1929 年生,臺中縣人,臺灣鐵路管理局臺北機廠組立工場技工,因涉入 1950 年「臺北機廠段支部張添丁等案」被捕,被判有期徒刑 15 年。收錄於國家人權博物館轉型正義資料庫「吳海瑞」條:https://twtjcdb.nhrm.gov.tw/Search/Detail/15347(2023/2/23 點閱)

65 鄭福春(1906-1950),河北天津市人,1949 年因涉入于非等人的「中共中央社會部臺灣工作站」案,並提供組織破壞鐵道的有效方法,而不幸於 1950 年遭捕槍決。曾品滄訪問、林志晟紀錄,〈鄭德芳女士訪問紀錄〉,收錄於許雪姬主編,《獄外之囚:白色恐怖受難者女性家屬訪問紀錄(上)》(臺北:國家人權博物館籌備處,2015)。

66 此人可能是組立工場的張添丁(1926-1950),出生於臺北市三橋町市營殯儀館火葬場附近,原名張添灯,大龍峒公學校畢業。1944 年被人介紹進到位於松山中崙的鐵道部臺北鐵道工場

還有一個在臺北機廠做車床，從日本回來的，那個就真的是共產黨喔。苗栗有好多共產黨嘛，他就跟那些共產黨有聯絡，是不是誰我不清楚。我聽說那個人被政府故意調到苗栗車站，要去看哪個是跟組織有聯絡的人，是橫的聯絡不是直的聯絡喔，後來他好像有害到人還是怎樣，被人用火車給撞死了。我有一個親戚也是共產黨的頭子，苗栗銅鑼灣人，叫羅吉月，早稻田大學三年級沒畢業，[67] 他有手槍。有一天他們要在某地集會，被政府得

圖9 ｜ 1947年鄭萬經與同事郭兆慶合影（右側蹲下者為鄭萬經，後排中立者為郭兆慶）。資料來源：鄭萬經家屬捐贈館藏。

工作，戰後留任臺灣鐵路管理委員會臺北機廠，並於組立工場擔任技工（機車匠），但因其姓名於報到時被誤記，與翻砂工場技工張添丁相同，故於1948年10月申請將姓名改正為張添灯。儘管如此，其於1950年代初期所涉入的相關政治案件，相關檔案文獻也都仍記為張添丁。1950年5月因「臺北機務段支部張添丁等案」被捕，同10月被槍斃於馬場町，時年25歲。逝世後被葬於六張犁公墓，1990年代初期隨著墓塚被發現，家屬才得以前往祭弔。參見國家安全局編，《歷年辦匪案彙編第一輯》（臺北：同編者，1959），頁53-55。

[67] 羅吉月，苗栗人，臺大機械系學生，受早稻田大學畢業的苗栗銅鑼人曾永賢之介紹於1948年加入臺灣省工作委員會臺大工學院支部，並陸續介紹同學加入組織，後自首而獲判無罪。參見李福鐘訪問，〈張燦生先生訪問紀錄〉，收錄於國家人權博物館－臺灣人權故事教育館：https://humanrightstory.nhrm.gov.tw/home/zh-tw/museumreport/563495（2023/7/4 點閱）

知,他不知道怎麼知道消息,先跑到山上躲一陣子,後來就自首沒有死。

　　臺北機廠後來有設立「人二室」,但我們很少接觸他們,我們也不知道他們做什麼工作。臺北機廠也有設立民防總隊,主要是打火、防災、防衛,還有醫療跟消防,我們有災難時也要臨時煮飯給人家吃,還要警戒工廠不要讓別人進來。這個是擔心大陸打過來做臨時處置,類似這樣的組織以前日本時代就已經有了,平常也有訓練。以前訓練都是玩真的,人要跑哪裡、東西要搬到哪裡都是固定

圖 10 ｜ 1998 年鄭萬經參與 CK101 號修復完成後與陳德沛局長（西裝中立者）及同仁合影。資料來源：鄭萬經家屬捐贈館藏。

的，不像現在只是做做樣子而已。

　　別人都說我一生都奉獻給臺鐵，我覺得也不是說奉獻啦，鐵路局養我一家，我很感謝，現在退休了還有錢領，吃飯沒有問題。我坐火車也不用錢，服務 45 年才有榮譽乘車票，我服務了 50 年，當然有，那個是要沒有記過才有的福利喔！不過現在坐車子的機會很少，以前坐來坐去不要錢，什麼車子都可以坐。我坐車不要錢，還可以睡覺，一路睡到目的地，很安全不用小心，又準時不用開車，從苗栗出發一定有位置，不用加油，也不用高速公路過路費，車子也不用保養。

　　我們日本時代培養出來的工程人員，就是負責把自己的工作做好，有沒有錢、升不升職都不是最重要的，工作要負責，就是這樣的精神。我在臺鐵受到很多人的幫忙，我的心態也不想升官。客家話說「捉龜仔塞涵洞」（zog`gui´e`ced`ham´kung´），就是說圳溝裡的涵洞一直漏水，剛好有一隻烏龜在那邊閒閒的，就抓過來塞進去，比喻剛剛好的意思，就是形容我在臺鐵。所以為何人家說我檢查工作、火車的工作為何很內行？那是因為我是有專門研究，拚命看書跟資料，自己找出答案，才能解決問題。

鄭萬經先生大事年表

1927 年	生於新竹州苗栗街。
1941 年	畢業於苗栗第一公學校高等科。
1942 年	考入鐵道部臺北鐵道工場「技工見習教習所」第 5 期（技工見習）。
1944 年	自臺北鐵道工場「技工見習教習所」畢業，進入組立職場鍋爐附件班（組立工）。
1945 年	在臺北機廠組立工場負責蒸汽機車修理工程及材料管理（技術見習）。
1947 年	升任臺北機廠組立工場助理工務員，負責蒸汽機車品質管理（檢查）。
1963 年	在臺北機廠柴電工場擔任工務員，負責柴電機車修理品質管理（檢查）。
1967 年	調任基隆機務段機械主任（蒸汽機車）。
1972 年	調任七堵機務段機械主任（柴電機車）。
1974 年	調任機務處動力車課負責動力車保養維修計畫、故障調查及研究。
1976 年	調回臺北機廠擔任柴電工場主任，隔年升任副工程司。
1979 年	負責臺北機廠電氣動力車材料調查及研究工作。
1981 年	升任臺北機廠材料組組長。
1987 年	調任臺北機廠工作組組長（前一年升任正工程司）。
1991 年	升任臺北機廠副廠長，隔年屆齡退休，並持續協助蒸汽火車修復及復駛工作。
1998 年	協助修復臺鐵 CK101 號、CK124 號蒸汽火車復駛。
2000 年	協助修復臺鐵 LDK58 號蒸汽火車復駛。
2024 年	逝世。

Chapter 2

臺鐵客車全能改造者

曾炎燦先生訪問紀錄

圖 1 ｜ 曾炎燦先生留影。資料來源：曾碧蓮捐贈館藏。

時　　間	2021/11/5、2021/11/19
地　　點	臺北市信義區曾宅
使用語言	國語、臺語、日語
訪　　談	洪致文、陳柏棕、黃珮瑩
紀　　錄	陳柏棕
受訪者簡介	曾炎燦（1929-2023），新竹州新竹郡人。1944年自玉里第一國民學校（今花蓮縣玉里國小）高等科畢業，考取臺北鐵道工場「技工見習教習所」，成為該所第7期見習生。1947年結業後，進入車件工場擔任職工，歷任新車工場領班、技術組設計股組員及車件工場主任等職。其曾於1950年代參與木造客車鋼體化作業，1960年代著手設計臺鐵外銷泰國的守車。1970年代後，協助北迴鐵路工程車、東線拓寬車輛轉向架與阿里山鐵路客車等改造工程。1990年從臺北機廠退休，藉由其經手設計改造鐵道車輛經驗，為臺北機廠內的技術人員在臺灣鐵道車輛發展扮演的角色留下見證。

新竹竹北出身

　　我是曾炎燦，日本時代昭和 4 年（1929）出生。我的老家位在新竹竹北一處靠海的地方，從竹北車站下車後，還要轉車才能到達。我有兩個哥哥、三個姊妹，家裡一共六個小孩，在男孩中我排行第三。

　　我阿公生了五個小孩，我爸爸曾樹芬排行第四，我的家族以務農為生，是佃農，田地不是自家所有，都是向別人承租。收成的米作第一期品質通常比較好，但往往被地主收走，而第二期收成的品質就比較差了，所以在那個年代農家生活也不是這麼好過。

移居東臺灣

　　我們家族原本所有人一起同住，由於人口不斷增加的關係，不得已大家只好分開居住，因此在我 6 歲時，爸爸就帶著全家人一起搬到花蓮玉里生活。而大哥炎輝當時正跟著三伯學漢文，自己一個人留在新竹，等到課程告一段落，才到玉里和我們會合。大哥後來到玉里役所（花蓮港廳玉里郡役所）應徵工作，裡面的職員看他寫得一手好字，立刻就採用他了，之後就在役所當秘書。

　　日本時代有很多人到花蓮開墾，我的二伯也是其中一個，早在我們搬到玉里之前，他就已經先到那裡了。在我的印象當中，玉里多半是山坡地，地面布滿著石頭。二伯使用牛隻來開墾土地，我們到玉里後，二伯將原本養牛用的小屋讓給我們一家八口住，不然我們在當地無立足之處。全家搬到玉里後的生活沒有太大變化，到哪

裡都一樣，要是不想辦法賺錢，就無法生存下去，爸爸還是要向地主租地作穡（tsoh-sit，幹活）。

在玉里有很多日本人，他們大多住在山邊以種樹、種水果維生，占去好大一片土地。我常常在放假時去找日本人朋友玩，和日本人保持不錯的關係。他們看到臺灣人舉行熱鬧的迎神賽會，尤其感到新鮮好奇，但日本人自己不是也會在神社舉辦祭典嗎？不知道有哪裡不同。

就讀玉里第一公學校

我在 8 歲時進入玉里第一公學校（今花蓮縣玉里國小）就讀。[1] 日本時代日本人在玉里還設有蕃人學校，稱作第二公學校（今花蓮縣樂合國小），[2] 而日本人則是念小學校，所以我在學校求學階段不曾跟他們同校過。

我在學校最拿手、最感興趣的科目是數學，在公學校一、二年級時的數學考試，老師宣布寫完考卷而且全都答對的人就能先下課，常常大家還在考試，我早早就寫完考卷，全部答對，提前回家了。不過從三年級起，我的表現就大不如前，後來才知道有參考書的存在。在日本時代就有參考書，不是光復之後才出現，家裡有錢的人

---

[1] 玉里公學校創設於 1920 年，1922 年易名為玉里第一公學校，1942 年再更名為玉里旭國民學校。見葉振輝總編纂，《玉里鎮志（教育篇）》（花蓮：玉里鎮公所，2010），頁 411。

[2] 臺灣總督府於 1897 年設立臺東國語傳習所璞石閣分教場，1905 年改名璞石閣蕃人公學校，專收原住民學生。1920 年校名再改為玉里第二公學校，至 1941 年又更名為玉里雙葉國民學校。參見葉振輝總編纂，《玉里鎮志（教育篇）》，頁 407。

有能力買參考書，老早就拿參考書預習，我們家哪有多餘的錢讓我買參考書？就連六年級的畢業旅行要到花蓮玩，我都沒有辦法參加。再加上我回家後還要幫忙牽牛（khan-gû，牽牛吃草之意），也沒有太多時間念書。

14歲時我從公學校畢業後繼續升學，就讀高等科，同樣屬於義務教育性質，不用考試。[3] 在學校裡日本人老師占多數，我在念書時老師全是日本人，這些日本老師不但不凶，而且對我很疼愛，記得在高等科二年級，老師還曾經問過我：「ソウさん（曾君），你畢業之後要不要留下來當老師？」

考取「技工見習教習所」

昭和19年（1944）我從高等科畢業後，想要報考花中（即花蓮港廳立花蓮港中學校，現國立花蓮高級中學），不過只是自己單方面的想法，沒有開口跟家人提過。我很清楚家裡沒錢，就像二哥文郎在公學校五年級時，甚至沒有錢繳學費，差點就被退學了。因此，就算我有繼續升學的想法，父母也沒多餘的錢讓我報名考試。

---

[3] 隨著1919年「臺灣教育令」及1922年「新臺灣教育令」的公布，臺灣總督府廢止「臺灣公學校令」，確定公學校修業年限為6年，以及實施日臺人共學等措施。另外，「臺灣公立公學校規則」規定，在公學校設置修業年限2年的高等科，其入學資格為六年制公學校畢業生或具同等學力者。1941年與日本本土學制改革同時，總督府發布「國民學校令」，廢除公學校、日本人所就讀的小學校區別，一律改稱國民學校。1943年，臺灣更開始實施六年初等教育義務制。參見周慧茹，〈日治前期的臺灣初等教育〉，《臺灣學通訊》第125期（2022年1月），頁10；〈初等教育〉（2009年9月24日），收錄於「文化部臺灣大百科資料庫」：https://nrch.culture.tw/twpedia.aspx?id=3809（2023/3/15點閱）。因此，高等科在日本時代仍非屬義務教育範疇。

在高等科畢業前夕，臺北鐵道工場「技工見習教習所」首次在花蓮地區辦理招生考試，派人來學校宣傳。我心想既不用報名費，還有薪水能領，竟然會有這麼好的事，於是沒有和家人商量，便去報名考試。考試的地點不在玉里，我不記得確切位置了，我想應該是在花蓮港街的樣子？主辦方還特別安排旅館讓外地考生住宿過夜。

　　考試的項目有筆試，包括數學、國語（日語）等考科，數學是我的拿手科目，對我來說完全沒問題，不管任何考試，數學分數高的人通常都能夠被錄取。通過筆試之後，還要到臺北參加適性測驗。適性測驗主要目的是要考察應考人的性質，要看看你的雙手是不是夠靈活，要當工人的人要是手不夠靈活還能做什麼？因為不容易考取，我的同學當中很少人應考，最後花蓮跟臺東地區只有三個人及格，而我就是其中一人。

　　沒過多久，我就收到了「教習所」從臺北寄來的合格通知書，它是一張上面寫有要我何時何日去報到的明信片。我當下興奮地反覆對著媽媽說：「錄取通知剛剛來！剛剛來！」媽媽覺得我能到「教習所」學得一技之長，還可以領薪水，也替我高興。

　　「教習所」寄來的明信片上，除了通知我報到時間，以及得憑此證免費搭車外，規定還要繳交保證人簽名的擔保書。我於是拿著擔保書去見玉里站的日本人站長，我想他是職位最高的人，由他當保證人應該是最適合不過。一見到站長，我立刻用日本話跟他拜託：「お願いします！」（拜託您了）他知道我要去臺北鐵道工場「教習所」報到，毫不猶豫就幫我簽名了。

差點成為「志願兵」

我在高等科二年級時，日本人開始招募志願兵。[4] 校方把我們一大批還沒畢業的在學生帶去參加考試，就是要把學生送去當兵的意思，我要是沒考上「教習所」的話，應該就會去當日本海軍吧。

志願兵的考試地點在臺東鹿野某個公館，軍方派阿兵哥擔任考官，考試內容包含筆試、身體檢查等等各種項目。雖然在名義上是「志願」，軍方終究還是需要頭腦比較好，或是擁有某種技術的這些程度好的人，所以仍要透過考試來選取適合的人選。我後來通過志願兵的考試，當合格通知單寄來花蓮家裡，役所職員來「討人」（thó-lâng，此指召集人員）時，我已經考取「教習所」學員資格，前往鐵道工場報到了。

老實說，我對於這段記憶沒有留下太深刻的印象，因為家貧，我從高等科畢業後沒辦法升學，若有免報名費的考試，我都會去考考看，而且我不覺得去當兵不好，心裡沒有特別排斥。那時去當兵有很多人被送到日本本土訓練，我要是真去當兵，或許在半途船經過琉球時就被擊沉了，幸好後來沒有去成。

關於服兵役這件事，在光復後軍方曾到臺北機廠來說明鐵道職工的兵役問題，後來又發來通知，表示鐵道從業人員可以到區公所

---

[4] 在太平洋戰爭爆發前，日本陸軍即開始檢討在臺灣施行特別志願兵制度的可行性。1941 年 6 月 20 日，日本內閣決議通過，正式決定在臺灣實施「陸軍特別志願兵制度」。至 1943 年 5 月 11 日，日本通過閣議，再宣布實施「海軍特別志願兵制度」。近藤正己，《総力戦と台湾：日本植民地崩壊の研究》（東京：刀水書房，1996），頁 47-51。按合理時間推斷，曾炎燦於高等科就學時應為海軍特別志願兵制度宣布施行之時。

申請緩召，但前提是必須附帶交通部的證明才能辦理。我到申請時間截止前的最後一天，才到區公所申辦緩徵，我跟承辦小姐說：「不管最後能不能通過，請你先幫我收下這些文件吧。」結果順利通過申請，最後我只當了十幾天的兵。

搭車報到

　　除了我媽媽對我無微不至的照顧外，年紀長我十多歲的兄嫂，對我這個小叔也非常好，說起來我實在很幸福。記得我要到「教習所」報到前，媽媽特別吩咐兄嫂到富里買布，請她用裁縫車幫我做幾件衣服帶去臺北。這座裁縫車是兄嫂的嫁妝，我放學回來在家無所事事，常常去踩裁縫車的踏板，她看到我在玩裁縫車既不罵我，也不會阻止我，換做家裡其他人看到我這樣玩，早就開口罵人了，但是透過邊玩邊學，我的雙手變得很靈巧，因而在後來的適性測驗上都有不錯的表現。

　　出發當天，我從玉里搭乘凌晨 3 點多的夜車到臺東，接著準備轉搭客運汽車。到客運車站我問站務員：「用這張明信片可以免費搭車嗎？」他說按照規定還是要買票，由於排隊買票的人很多，若此時再去排隊可能會買不到票，於是我問能不能直接向他買票？他說可以可以，就把車票賣給我。

　　我在臺東順利搭上客運汽車，一路坐到枋寮下車，準備換搭火車。我一進到車站看到有火車進站，二話不說就直接坐上去，沒想到這班車只到高雄，只好在高雄車站下車候車。站務員看見我一個

人在月臺上等車，很親切過來關心，對我說你再等一下，火車馬上就來了。果然沒過多久時間，我就搭上火車，坐到臺中站後又換了一次車，抵達基隆時天已經全亮了。我當時才16歲，幾乎繞了臺灣一圈，就這樣一個人跑到臺北。

我的大姊嫁給基隆人，因此我到基隆後先借宿大姊家一晚。隔天早上要搭車前，接到車站行李房通知，告知我在玉里寄出的行李已經送到，要我去提領。我的行李不多，帶了一雙鞋，不是皮鞋，是一般的運動鞋，那雙鞋是在學校念書時配給的，連一次也沒穿過，除此之外，就只有幾件兄嫂做給我替換穿的衣服。我領好行李，拿著明信片就從基隆搭車到松山，下車後沿著鐵軌步行到鐵道工場。

「教習所」內的二三事

鐵道工場場方在我們報到時分給每人一套制服及帽子，鞋子就穿自己帶來的。薪水是領現金，每個月發一次，雖然沒有多少錢，但節省一點的話還是夠用，此外還免費供餐。

「教習所」設在工場裡面，位置在現在的柴電工場附近，是兩層樓的木造建築，後來零零落落，被拆光光了。「教習所」內起碼有9間教室，廁所有好幾間，設備算是相當不錯，只差我們必須自行打掃，上課前所有人要先去洗廁所，擦洗陶瓷便器。

「教習所」的課程安排配合工場作息，工場8點上班就開始上課，按照下班時間下課。在課程與課程間有短暫休息時間，鐘響就

下課,跟學校沒有兩樣。中午午休時,學生和工人不在同處用餐,在「教習所」裡設有食堂,擺了幾張桌子,我們一群人就在裡面吃飯。午餐吃得要比早餐好一些,有魚、有肉,還有菜湯等等,菜色算是不錯。

「教習所」2、3期的學員當中有一些日本人,後來則以臺灣人居多,另外還有少數琉球人,他們對日本人的印象不好,不喜歡日本人。我記得報到當晚,就有好幾個新生被學長盯上,命令這些被點名的新人要在幾點到第幾室來報到。通常是新生被高一年級的人呼巴掌,由此類推,動手打人的有臺灣人,也有日本人,他們在新人時曾被修理過,現在就打別人來「拄數」(tú-siàu,抵償),惡性循環,但裡面的風氣就是這個樣子,不過我倒是沒被打過。

學寮生活

我們在「教習所」上課,活動範圍都是在工場裡面,學寮則在工場外面,就在西宿舍的對面,現在柴電工場的斜對面。早上起床後,全體先在學寮舉行升旗典禮,集合唱日本國歌。升完旗,唱完國歌,我們一群人就開始運動,從現在的忠孝東路步行至西門町西本願寺,然後再走原路回來,那時還很年輕,走路對我來說完全不是問題。

大家運動回來,直接就在學寮裡吃早飯,工場聘請一對日本人夫婦幫忙煮飯,在宿舍裡面找個空間擺好桌子,就是吃飯的地方。我們的早餐吃白米飯、喝味噌湯,當然還有配菜,不然光吃白飯跟

湯怎麼吞得下去？味噌湯裡只放了少量豆腐和蔬菜，常常湯鍋才剛放上桌，不到一下子就被搶光見底了，僅剩鍋底殘留的味噌。

從「教習所」下課回到學寮，沒特別再做運動，上課已經很累人了，哪有力氣做其他事，最多是利用晚間讀書。雖說工場的員工澡堂任何人都能使用，但學寮裡面也有洗澡的地方，因而多半是在學寮洗澡，晚上就睡在塌塌米的通鋪。禮拜天是休假日，場方允許我們外出，不過我很少出去玩，期間也沒有回過花蓮，頂多就是爬山踏青，曾經從三張犁走到仙公廟（指南宮）。

從預科到本科

「教習所」分為よか（預科）跟ほんか（本科）。[5] よか階段多是綜合學科，沒有分班上課，到了ほんか後要到現場實習才開始分班，端看各自被派到什麼工場，因此在ほんか各方面的基礎技術分別都學到一些。

よか是學習如何當一名工人的預備工作，時間為期半年。課程除了學科之外，主要是進行基本的訓練，著重在手做，基礎訓練要是沒有做好，就無法銜接後續更深入的技術要求。通常是早上上

5　學員進入「教習所」後，前6個月稱為「預科生」，上午修習學科課程，下午進行基礎實習，在此期間亦作各學員的適性調查，以作為後續分科依據。通過預科考試者，改稱「本科生」。本科生第一年接受徹底的技能訓練，藉由個人的潛力及專長進行更專業的技術養成，第二年則以實際應用操作，加以訓練專業技能，兼顧理論課程與工場實習。待2年6個月的修業期滿並通過最後試驗，頒與「修業證書」。學員進入工場服務前須再經個人適性調查及廠方的測試，選定職場，成為正式技工。參考黃俊銘等，《臺灣鐵路管理局臺北機廠鐵道產業文物清查究》，頁81-82。

課，下午到實習場實施基礎訓練，但有時候實習課程亦會安排在上午進行。

　　よか的實習課程主要是練習使用鐵鎚、鑿子。例如拿鐵鎚敲擊杉木，目的是要訓練我們正確的手勢，最終能夠手持鐵鎚，精準地敲打至正確位置，不會打歪或是敲到手；使用鑿子的時候也是一樣。鑿子就像刀子般鋒利，要配合鐵鎚敲擊斬斷東西。比方說要切斷鐵片，會先用まんりき（萬力虎鉗）固定，再用鐵鎚敲擊鑿子斬斷鐵片，拿鑿子的角度不能過於筆直，要維持一定斜度，才能精確斬斷目標；やすり（銼刀）又是另一種工具，重點是要持拿平穩並用力往前推，動作不要歪來歪去。訓練過程中，一旁有指導員指正我們的姿勢，或是有哪裡做得不對，整體過程雖然很辛苦，但我對於報考「教習所」的決定不曾感到後悔。

　　在よか半年後，等到像是鐵鎚、鑿子之類的工具都能運用自如，接著我們就要進入ほんか，場方針對個人的性情、技術程度來考核，決定要分配到什麼工場實習。在工場實習是直接投入實務，不像よか還有一些學科課程，到ほんか後都是待在工場了，實習的時候就照工場的時間，幾點開始上班，我們就跟職工一起開工。

戰爭末期學寮被迫搬遷

　　由於戰爭愈來愈激烈，美軍的炸彈甚至落到鐵道工場裡，[6] 波及

6　依據臺灣總督府紀錄，1945 年 1 月 3 日美軍出動 B-24、B-29 等戰機對臺灣全島進行轟炸，造成臺北鐵道工場內車輛收容倉庫屋頂部分破損、鐵軌 2 米毀損，以及屋舍 2 棟嚴重毀

到組立工場。幸好組立工場使用的建材很好，建築很堅固，沒有受到太大影響，僅有前方的門稍有毀損而已。

雖然如此，因為工場被轟炸，還是嚇壞了場方高層，為了安全起見，於是命令「教習所」的學生們疏開（疏散）到山上。我們第 7 期的人受命拆掉西宿舍最末端的幾間房舍，大家協力將拆下來的杉木板材搬送到中崙，也就是現在松山慈惠堂一帶半山腰的地方，再利用這些板材來搭蓋學寮。只是學寮才剛剛蓋好，還來不及啟用就光復了。

從車件工場、新車工場到技術組設計股

光復後，「教習所」改名為「技工養成所」，我從「養成所」畢業就被派到車件工場，[7] 都在那邊「舞」（bú，指工作之意）。當新車工場成立，[8] 廠方便從車件工場調了一些人過去，車件工場內的

壞。見「昭和 20 年 1 月中　台湾空襲狀況集計」JACAR（アジア歷史資料センター）Ref. C11110408500、台湾空襲狀況集計　昭和 20 年 1 月～8 月（防衛省防衛研究所）。

[7] 戰後國民政府對臺北機廠於 1947 年起方逐步展開接收事宜，以致在 1945 年至 1946 年間廠內培育技術專才的臺北鐵道工場「技工見習教習所」仍維持舊稱。後依臺灣省交通處鐵路管理委員會設立之「本會臺北機廠技工養成所章程」所示，以臺北機廠所屬之「教習所」自日本時代延續至今，應重新改組以合乎國情為由，改名為「技工養成所」，並隸屬鐵路管理委員會。重新修改的「技工養成所章程」在 1946 年 8 月訂定後，仍有原「教習所」第 7 期學員在學，經決議照辦授予畢業證書，成為「技工養成所」第 1 期結業生。見黃俊銘等，《臺灣鐵路管理局臺北機廠鐵道產業文物清查究》，頁 97-99。而曾炎燦即於 1947 年 8 月由「技工養成所」結業，其自 1944 年 4 月進入「技工見習教習所」起算，修業期間共 3 年 4 個月。

[8] 臺鐵為因應客車鋼體化工程，遂於 1958 年於臺北機廠的車輛工區檢修體系內興建新車工場，翌年即刻進行各型客、貨車新製，係臺鐵為改善戰後鐵道運輸車輛不足，所採取的緊急應變措施。參見黃俊銘主持，《「臺北機廠員工口述歷史及影像紀錄（第一期）計畫勞務採購案」成果報告書》。文化部文化資產局委託，未出版。

「仕上げ」（しあげ，在此指負責調整、修飾零件的職工）調了一些人，木工也調了一些人，我也從車件工場被調過去那裡。新車工場是裝配客車的所在，鈑金做車殼，仕上げ生產各種零件，裝配客車的椅子、天花板等等，電路的部分則交由在油漆工場旁邊的電氣工場來做，等到配上電線，新車就完成了。

我在新車工場期間，因為沒有辦法升遷，只好參加由鐵路局舉辦的領班考試。不過領班的薪水沒有增加太多，每個月多大約兩百多塊左右，待遇只比原先稍微好一點而已。考上領班後，我要安排所有人的工作，雖然不用自己下去做工，但要在現場指導工人該怎麼做，像是全部的圖面我都要看過，有什麼螺絲，要如何組裝，我都必須知道。

廠方之後把我從新車工場調至技術組設計股。技術組裡面分成設計股、設備股及檢查股，設計股的主要工作是車輛的設計和改造。記得有位剛就任的新車主任擔心無法勝任業務，身旁的人要他不用擔心，跟他說：「你要是有什麼問題就去問『曾的』（Tsan--ê，指曾炎燦），他會幫你解決。」

之後，我回鍋車件工場，擔任主任。我在設計股那裡認識何獻霖，他到機廠後就在我下面做事，在共事的過程中，發現這個囡仔（gín-á，孩子）表現不錯，所以當我想申請提早退休，就將何獻霖介紹給當時的廠長婁啟庸。婁廠長一開始不願接受，經過我向他再三保證這個人沒有問題，儘管放心，終於採用他接任車件工場主任，後來他還當到臺鐵局的副局長。

Chapter 2 ｜臺鐵客車全能改造者　　087

❷

❸

圖 2、3 ｜ 曾炎燦與長子煥雄試乘觀光號列車座椅及餐車留影。資料來源：曾碧蓮捐贈館藏。

延平補校進修

雖然我在「教習所」、「養成所」學習三年多，讀完該讀的書，相關的技術也已經學完，學歷卻不被認可。因為我沒有文憑無法升遷，加上為了加強數學能力以應付工作上的需要，光復後我就利用晚間就讀延平的夜間部。延平當時是補習學校，[9] 借用老松國小的教室上課，我也察覺到有些教授似乎對於政府相當不滿，隱約感覺一定會出問題。

我之前不管是在預科或本科，學習內容都是以平面為主，沒有學過立體跟幾何，立體跟幾何和平面的概念不一樣，我認為頭腦要好才能變通。我在延平學到立體、幾何，後來才有辦法做車，若沒有這些相關知識就做不來了。另外還有化學，因為在電鍍時有使用藥水的需求，學了化學，至少就記住一些藥水名稱，「下跤手」（ē-kha-tshiú，下屬）需要下訂藥水時，我才不會沒有概念，知道要用什麼。我在延平讀了2年書，最後取得中學學歷。

木造車鋼體化

我曾參與過臺鐵木造車改成鐵車（即鋼體客車）的作業，[10] 改造

---

[9] 1946年由朱昭陽所創辦之學校。在其邀請下，林獻堂擔任董事長並將學校命名為「延平」。該校教師大多是日本東京帝國大學出身之本省籍菁英，成立之初僅有夜間法學院，因此稱為延平學院。二二八事件後，官方認為該校私藏武器，下令停辦。其後在朱昭陽努力奔走下，於1948年9月以私立延平補校復校，並於1959年改制為延平中學，延續至今。〈延平學院〉（2009年9月9日），收錄於「文化部臺灣大百科資料庫」：https://nrch.culture.tw/twpedia.aspx?id=5343（2023/3/13點閱）

[10] 臺鐵戰後接收可用客車共345輛，木造客車即占337輛，但這些車中的80%均已逾齡老舊，

的設計圖是由機務處提供的。木造車的車型分成大、中、小型，車體長短不同，[11] 而鐵車長度有 20 米跟 17 米，至於車體的寬度，木造車和鐵車差不多寬。20 米的鐵車都是新造車，17 米則由木造車改造，還曾使用過比較小型的 15 米木造車來改，考量ボギー（bogie，轉向架）[12] 沒有辦法改造，就把 15 米的車加長，改成 17 米。

地板方面也有改造，同樣是使用木地板，木材是在臺灣購買，不是進口的。我將需要加工的木板設計圖畫好交給領班，要他吩咐負責「撩柴」（liâu tshâ，鋸木）的員工按照圖上標示的尺寸裁切，將一片一片裁好的木板排好，鋪設在鋼架上，最後鋪上地板布。底板的兩側再用アングル（angle iron，角鐵）來補強，車子才會「勇」（指堅固之意）。至於底下的「中心盤」要怎麼改造？因為ボギー沒有改，就利用原本的盤，做好後鑽孔鎖起來。

其他像是行李車也是從木造車改造的，特別裝上了發電機，沒有發電機就沒有電力，冷氣機就無法使用。[13] 而觀光號客車 SP32820

安全度堪慮，乃有更新之議。1948 年起，臺鐵開始將轉向架型式老舊、不夠堅固的 86 輛木造客車列為淘汰對象，其餘 251 輛，以每年 25 輛的速度分 10 年加以鋼體化，原則上是轉向架留用，而車體重造。見洪致文，《臺灣鐵道傳奇》（臺北：時報文化，1992），頁 210-211；洪致文，《臺灣鐵道印象（上）》（臺北：南天書局，1998），頁 192。

11 臺鐵的木造客車分為小型、中型、大型三種。小型客車車長約 13.8 公尺，車寬約 2.56 公尺，車身斷面最小。中型木造客車車長約 16.6 公尺，大型木造客車車長 17.26 公尺，中型車車寬較窄，而大型車則與鋼體車相差不多。見洪致文，《臺灣鐵道印象（上）》，頁 142、149、155；洪致文，《臺灣鐵道傳奇》，頁 210。

12 轉向架由輪軸、軸箱支撐裝置、轉向架框、車體支撐裝置、驅動裝置、基礎靭機裝置等組成，係為承擔車體、乘客等負載，同時將牽引力與煞車力等前後方向之力傳至車體，並為沿著鋼軌導引達成穩定行駛的裝置。見邱家財編著，《軌道車輛概要》（桃園：邱家財自印，2020），頁 70。

13 應為 EGK32300 型電源車。臺鐵為觀光號加裝冷氣後的電源供應，必須仰賴可供應電力的電源車，因此在 1963 年生產 EGK32300 型電源車 5 輛。此款在臺灣鐵道史上最早也是最小的電源車，其車身係典型木造車鋼體化更新時代的樣貌，在車窗上下有強化帶，轉向架則使用鋼

改造成總統車作業,[14] 相關設計圖由機務處提供,我們就按照圖面下去做,記得裡面內裝的洗手臺還有熱水。可以說臺鐵的舊車改新車作業,我幾乎都「摸」過（指參與設計改造之意）,僅差在記不記得而已。

泰國守車設計

臺鐵外銷泰國車（守車）,[15] 主要的設計圖是機務處畫的,記得一開始カプラー（coupler,連結器）沒有設計好,後來重新修改。這款車的構造算簡單,車殼是鐵的,車輪是用合銅,不是用ベアリング（bearing,軸承）,要是連這種車都做不起來,那也不用做別的車了。

我被交辦設計泰國車所有的裝配及零件,決定組裝的方式及所需材料。因為交車時間急迫,我還把資料帶回家,在家繼續趕工畫

體化更新時大批購入的TR-39型。其與一般行李車最大的差異,是車頂的散熱裝置突起,並在發電引擎機組裝設的一端取消出入車門。參見洪致文,《臺鐵全車輛：莒光號客車》（臺北：洪致文,2018）,頁135。

14 臺鐵的SA32800型車僅有一輛SA3280號,係為了取代日本時代製造的木造花車所誕生的新款鋼體總統座車。此輛車是臺鐵於1969年以SP32800型之SP32820號觀光號車廂改造而成,為李登輝總統1991年鐵路環島之旅的重要座車。參考洪致文,《臺鐵珍貴車輛百選（1,067軌距車輛）》（臺北：國立臺灣師範大學地理學系氣候實驗室,2018）,未註頁碼。

15 1965年臺北機廠曾承製外銷泰國100輛守車。此型守車使用車輪懸吊結構,速度可耐每小時70公里行駛。守車外形為左右皆有凸出一個側窗（bay window）結構的樣貌,可讓車長守望貨物列車外部狀況。車體塗裝顏色以灰色為主,但車窗塗裝處以大片黃色窗帶做為示警。車體雖為鋼製,但內部仍有許多木料結構。見洪致文,《臺鐵珍貴車輛百選（1,067軌距車輛）》,未註頁碼。

設計圖。下班後沒有解決的工作，我通常會帶回家處理，在家邊想邊做，一些工程上的問題，包括尺寸、安裝步驟、工序等等都先設計好，再到工場實際施作。那個年代畫設計圖都是用手繪，不像現在利用電腦繪圖，我在家裡還自製一張圖板來繪圖，後來用不到了，那張圖板被我裁切做成架子使用。

我在家裡畫好簡圖交給主任，請他告知其他工場的人一起幫忙，速度才會快。由領班準備材料，再按照我的設計圖做零件，做好之後到車上安裝。因此，泰國車的交車時間雖然很趕，後來還是能夠提早交件。

改造 TP／TPK32700 型通勤客車

700 型通勤客車車體長度 20 米，[16] 通勤客車還有長度 17 米的 600 型，[17] 但 600 型後來就沒有了。700 型從日本送來時並不是完整的車體，是一片一片的零件在工場裡組裝。另外，還附有兩、三百張圖，這些圖我全都看過，有哪些零件、該怎麼組裝，我自己先弄清楚，才指揮領班進行接下來的作業。首先擺好底架，接著將端板

---

[16] 1959 年臺鐵引進現代化車長 20 公尺的長條椅通勤客車，即由日本東急車輛製造的 TP32700 型及 TPK32700 型。前者共有 40 輛，座位定員有 76 位，立位 96 位；後者有 10 輛，座位定員 71 位，立位 90 位。見洪致文，《臺鐵珍貴車輛百選（1,067 軌距車輛）》，未註頁碼。

[17] 1956 至 1957 年間，臺鐵首度購入鋼體車身的長條椅通勤客車，即 TP32600 型及 TPK32600 型客車，前者共 40 輛，後者有 10 輛。該批車輛出現，據推測與當時臺海氣氛緊張，鐵路必需配合軍隊需求有關，因長條椅客車適合搭載全副武裝軍隊。此型車輛約於 1985 年報廢，最後報廢的幾輛，多被改造為復興號 35SPK2150 型或 35SPK2200 型。見洪致文，《臺灣鐵道印象（上）》，頁 202。

❹

❺

圖 4、5 ｜ 新車工場車輛組裝情況。資料來源：曾碧蓮捐贈館藏。

裝好固定，側板再靠過來，並把端板和側板電焊起來，最後蓋上車頂。連車頂送來時也不是完整的一片，因為完整的車頂尺寸太大不方便運送，同樣由我們一節一節自行組裝。

民國六十幾年時臺鐵曾對 700 型進行改造，重做車殼跟地板。設計圖是機務處畫的，唐榮做了兩批，臺北機廠更新過一批，至於為什麼要改造，我不記得原因了。一般車輛的底板中間有中樑，兩邊有側樑，這款車從日本來時底板亦有中樑，就在既有的結構上鋪設地板。而地板的改造是將原本的木地板改為鐵地板，利用彎板機把整塊鐵板折彎成實際使用需求的形體，一塊一塊接起來。內裝裝設了很大的電扇，是機務處位在淡水的工廠（臺鐵淡水電器廠）製造，不是日本原裝。

另外，水箱也是做新的，機務處要我幫忙畫水箱的設計圖。經過改造後的水箱尺寸比較大，重量也比較重，為了不用人工花力氣去扛，我想辦法設計一座升降臺，在現場作業的監工表現不錯，還會畫設計圖，便請他協助繪製升降臺的圖。當升降臺按照設計圖做好，車底的孔也鑽好，利用天車將水箱吊到升降臺上，待上升至接近車底孔隙，然後把水箱推進車底用螺絲鎖起來，如此一來就省去搬運的工了。

北迴鐵路工程車、東線拓寬車輛轉向架與阿里山鐵路客車改造

北迴鐵路興建在挖「磅空」（pōng-khang，隧道）時，工程單

位想要改造可以在軌道上載運水泥塊的工程車,派人來臺北機廠借用從工場淘汰的車輪。我說我可以幫忙,不過得去現場看看,才能配合工程需求改造車子,不去就不知道要怎麼改。於是,我便實際到北迴鐵路的磅空裡面去看工程車現況,進行記錄,回到工場後就用木造車拆下來的ボギー進行改造,做出符合他們需求的工程車。

民國67年(1978)臺鐵進行東線拓寬工程,要由窄軌改成寬軌,因此ボギー必須重新改造,機務處交辦下來,設計股股長便找上我來進行這項工作,負責改造客車的ボギー。我先在工場畫好圖,再到花蓮開會,實際看車,然後將畫好的設計圖交給花蓮機廠施作,並親自到現場了解實際的工作狀況。那時我的「牽的」(khan--ê,太太)生病開刀,我也可以趁著出差空檔到醫院照顧她。

我還參與了阿里山鐵路木造車的改造作業。阿里山鐵路是由林務局管理,不過相關業務仍委託臺鐵代為處理,林務局曾委託臺鐵改造兩輛木造車做為觀光列車,交辦臺北機廠協助辦理改造工程。工作組的承辦人和我接洽,向我說明原委,問我需不需要到現場去看一下?我便南下嘉義,到現場測量木造車,了解它的形體,思考要用什麼方法改造。

經過檢視及簡單記錄,回去之後就著手設計並開始備料,請材料組的領班買材料,工場員工再按照我的方法,把零件做出來。一切準備好後,我帶著工班及材料到嘉義車站施作,因為所有零件在工場差不多都加工好了,到現場只是裝配而已。

我們共花了10天時間,將木造車改造成莒光號的形體,車殼是新做的,椅子也都重新做過,全在臺灣生產製造,ボギー則是沿用

圖 6 ｜ 曾炎燦赴花蓮機廠開會留影（前排右一為曾炎燦）。資料來源：曾碧蓮捐贈館藏。

舊款。試車當天，林務局召開了盛大的記者會，由於車子是我設計改造，所以邀請我一起試乘。我兒子當時剛好高中畢業要去臺南讀大學，於是就順道帶他跟我太太、女兒一起上阿里山。

退休生活

我在民國 79 年（1990）3 月 31 日，滿 60 歲退休，最後的職位是車件工場主任。幸好我很認真學習，在工作上學到的技能，退休後自己接案還是派得上用場。民間的事務所要畫設計圖，約定好每

小時要算多少錢給我，我再規定自己每天要工作多久的時間。後來覺得用手工繪圖太辛苦了，所以自己買書自學 Auto CAD，畫設計圖就方便多了。我在退休後十年間接案賺來的錢，比臺鐵的退休金還多，多到可以每年發給每位「乾仔孫」（kan-á-sun，曾孫）1 萬塊獎學金。

　　我還利用電腦打歌詞，使用倉頡輸入法打字，打算在爬山時邊看邊唱。我認為退休後生活要有目標，要是沒有打歌詞，就沒有「議量」（gī-niū，消遣），只要身體還能自由活動，起碼可以藉由打歌詞，動動頭腦、動動手指頭，現在放在家裡數量這麼多的歌本就是這樣來的。一起爬山的山友說我會活到 120 歲，但要是不能動，活到 120 歲要做什麼呢？

曾炎燦先生大事年表

1929 年	生於新竹縣竹北。
1935 年	舉家遷居花蓮玉里。
1944 年	畢業於旭國民學校高等科,進入臺北鐵道工場「技工見習教習所」學習。
1947 年	由臺北機廠「技工養成所」結業,派入臺北機廠車件工場工作。
1950 年	改調新車工場勤務,參與木造客車鋼體化作業。
1965 年	參與臺鐵外銷泰國守車建造作業
1970 年	轉調技術組設計股,協助改造北迴鐵路工程車作業。因應東線拓寬協助改造車輛轉向架,投入改造阿里山鐵路客車作業。
1990 年	以車件工場主任身分退休。
2023 年	逝世。

Chapter
3

蒸汽機車守護者

郭約義先生訪問紀錄

圖1 ｜ 1998 年郭約義參與 CK101 號修復完成後留影。
資料來源：郭陳翠屏捐贈館藏。

時　　　間	2022/10/13
地　　　點	宜蘭縣宜蘭市郭宅
使 用 語 言	國語、臺語
訪　　　談	曾令毅、嵇國鳳
紀　　　錄	曾令毅、林裘雅
受訪者簡介	郭約義（1936-2023），臺北人。1941年5歲時同家人自臺灣遷居福建廈門，二次大戰結束日本投降後返臺。1955年進入臺鐵，從基層雜工做起。1957年臺鐵招考機務練習生時以第一名上榜，後接連於員工訓練所獲得司爐、蒸汽機車司機、柴電機車司機等資格，並於臺鐵宜蘭線（機務段）服務。1985年因長官薦任而擔任鐵路工會主任秘書，1988年因調解火車司機員端午節罷工事件有功，受薦舉當選鐵路工會理事長。1990年理事長卸任後轉任政風室主任，後擔任員工訓練所機務班班主任，至2001年退休。退休後，郭約義仍盡心盡力培訓司機員，傳授機務知識及專業技術。近年鐵路局蒸汽火車復駛、鐵道文化園區設立等規劃，郭約義皆投注心力參與其中。許多臺鐵司機員皆曾受其指導，可謂桃李滿門，在臺灣鐵路發展史上具重要影響力。

命運難為：少年時期（1936-1954）

我是郭約義，1936 年 3 月 3 日生於臺北大橋頭。我的名字叫「約義」，是因為我的阿公郭春木與外公陳和，都是馬偕（George Leslie Mackay）的學生，也是虔誠的基督教徒，所以才會幫我取這樣的名字。雖然我小的時候曾經受洗，不過我自己並沒有特別信仰什麼，也不算虔誠的基督教徒。我的阿媽高阿憫是噶瑪蘭族人，和我的阿公因為信基督教的關係而相識。[1] 我是家裡有活下來的小孩之中，排行第七的，我上面有一個大哥，五個姊姊，下面一個小弟，一個小妹。1962 年我和妻子郭陳翠屏結婚，婚後育有兩子一

圖 2｜郭約義的噶瑪蘭族阿媽高阿憫牧師娘。資料來源：真理大學校史館典藏。

---

[1] 高阿憫，噶瑪蘭族人，1879 年出生於打馬煙（今宜蘭頭城竹安里），12 歲時被馬偕牧師從宜蘭帶到淡水就讀女學堂，後與郭春木牧師結婚。其夫郭春木幼時非常好學，因家貧而輟學，後經人介紹與父親相約到教堂聽道，從此踏入信仰之路，雖遭母親極力反對，仍堅持信仰，後入淡水神學校就讀，另一方面跟馬偕牧師學習醫學（後來考取西醫執照）。他一面傳道一面行醫，然因多年辛勞，年僅 33 歲就與長辭，留下三男二女，由牧師娘高阿憫獨自養育。郭錫聰，〈雪泥鴻爪憶先人〉，《臺灣教會公報》，第 3213 期 2013 年 9 月 23 至 29 日；關於臺灣第一代基督教家族郭春木家族的記述與研究，可參閱王政文，〈近代臺灣基督徒的婚姻網絡：以滬尾、五股坑教會信徒為例〉，《新史學》第 27 卷第 1 期（2016 年 3 月），頁 209。

女，女兒在國外工作。長子郭力升在陸軍服務，次子郭力中在海軍服務，他們分別擔任陸軍步兵訓練部指揮官與海軍技術學校校長，均官拜少將，長子前幾年已屆齡退役，次子目前還在海軍服務。[2]

我這一輩子，雖然沒有很會讀書，但是喜歡拍照，也喜歡看鐵道、歷史的書，家裡收藏了很多相片跟書籍，我很愛惜它們。鐵路局有一位攝影高手叫作黃澍民，他是外省人，是機務處出身，也喜歡拍照，他跟我很要好。

我5歲的時候，大概是1941年我們舉家搬到福建廈門的四孔井，[3] 那時算是廈門的中央地帶，是很熱鬧的地方，離廈門第七市場很近，後來房子就被轟炸炸毀了。當時我父親郭西門因為日本話講得還不錯，所以就在日本跟美國「相剾」（xiong´cii ˇ，打仗）的時候，被日本政府派到廈門，[4] 為日本政府興亞院下面的水產會社工作。[5] 那時候廈門有三十幾艘三桅杆的大船，水產會社就跟這些漁夫說，你們抓的魚80%給我，20%你們拿去賣，算是能夠讓漁夫多賺點錢，那些收來的魚貨就交給日本軍方去做軍糧罐頭。我父親在那裡賺了

2　〈鐵路局老司機的兒子雙雙升將軍 老爸感到光榮〉，《NOWnews》，2015年12月29日，網址：https://n.yam.com/Article/20151229478260（2023/9/19點閱）

3　廈門市的「四孔井」位於現今福建廈門市思明區大同路97號之後，現僅存一孔井。

4　查詢中央研究院臺灣史研究所建置「臺灣總督府旅券系統」資料庫顯示，郭西門分別於1922年、1923年、1924年、1928年、1929年、1931年、1934年進出廈門之紀錄，主要都是以漁業公司受雇者的名義進入廈門及華南其他地區。參見中央研究院臺灣史研究所建置「臺灣總督府旅券系統」資料庫：https://passport.ith.sinica.edu.tw/（2023/9/19點閱）

5　該會社應為「全閩水產股份有限公司」，公司位於廈門市沙坡尾街，郭約義之父郭西門任職於該公司營業係。參見李冰主編，《廈門水產供銷史》（廈門：廈門市水產局，1985），頁10；廈門職員錄發行所，《廈門職員錄（昭和十八年版）》（廈門：同編者，1943），頁137-138。

Chapter 3 ｜蒸汽機車守護者　　103

圖3 ｜ 1943年廈門全閩水產股份有限公司營業項目與職員名單。
資料來源：廈門職員錄發行所，《廈門職員錄（昭和十八年版）》，頁137-138。

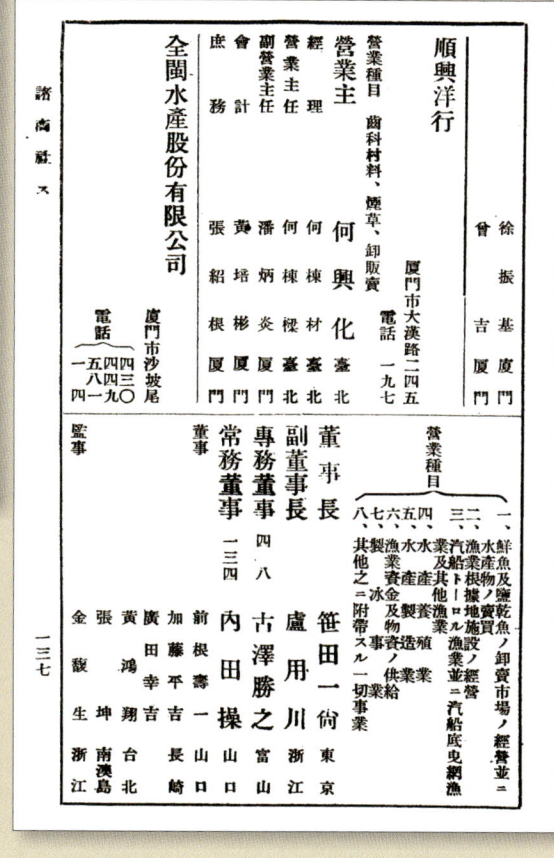

錢，養成了他花花公子的性格，跟愛賭博的習慣。我大哥郭約尊在日本時代是臺北商工專修學校[6]第一名畢業的，當時那間學校幾乎都是日本人在讀。在廈門的時候，他在無線電報的電話系統工作。那時候我嫂嫂在廈門當接線生，因為她爸爸是廈門很有名的西醫，也是臺灣人，所以我大哥看到她就很喜歡，他們約會的時候我還去當過電燈泡。事實上，在日本統治臺灣前期到廈門去的臺灣人，在那邊經常會去賭博、嫖妓，不是去做正當的工作。我們雖然也不是過著很正當的生活方式，可是我們還是每週都去禮拜堂做禮拜。當時我在廈門讀了2年小學，一輩子最享受、最難忘就是在廈門的那5年時光。

我要升三年級的時候，日本投降了。一聽說日本要投降，我老爸就連夜跑到日本去了，因為聽說跟日本人合作的人叫漢奸，好像要被槍斃。我爸跑了以後，1947年美軍的船就把我們從廈門送回高雄，回臺灣後，我們家就靠我大哥的工作來維持生活。我大哥進入臺灣銀行，當時臺灣銀行全世界各地都有戶頭，需要電話聯絡，所以才會僱用有相關經驗的他進去工作。

回來臺灣以後，我在臺北市念國語實小。國語實小是挑選當時臺北二十幾所小學裡面，每個年級都派一個人去國語實小讀書，念

---

[6] 臺北商工專修學校於1940年創設，初設機械、電機、商業三科，並兼辦臺北第二工業技術練習生養成所補習教育，以培養初級的工商技術人才。1945年日本戰敗，國民政府來臺接收，校名改為臺北市立初級工業職業學校，原技術生養成所改為臺灣省立臺北第二工業職業補習學校。1950年增設高級部，校名改為臺北市立工業職業學校，1981年奉令校名須冠以行政區名，改名為臺北市立大安高級工業職業學校迄今。參見翁鴻山主編，《臺灣化工史（第五篇）：臺灣化工教育史》（臺灣化學工程學會、臺灣化工史編輯小組，2013）。

ㄅㄆㄇㄈ，我是被選到的其中一個。四年級要升五年級的時候，國語實小就讓給從大陸撤退的人來讀，我就被趕回原來應該要去的大橋國民學校。雖然我只讀了一年半的ㄅㄆㄇㄈ，不過已經比沒有去讀的人好一點了。

小學畢業以後，我考進臺北市立工業職業學校的電機科，日本時代叫商工專修，商科跟工科一起收。日本人說，工人會什麼東西？如果沒有商人的腦筋，做那個有什麼用？所以工商科一起收，這間學校現在叫做大安高工（臺北市大安高級工業職業學校）。當時一科三班，一班五、六十個人，老師有時候講日本話，有時候講臺灣話。我們也學英語，但是老師說的我們也不知道是不是英語。這間學校本來應該要讀3年，但我因為二年級的時候得到盲腸炎，我家裡只有大哥一個人在負擔生活費用，沒有辦法請什麼醫生，所以到龍山寺那裡買青草藥，裝在那種黑澀澀的玻璃瓶，結果我喝了之後就快要「曲去」（khiau--khì，往生），差一點死掉。後來我母親把我帶到在廈門教會認識的一個很好的醫生，在臺北新公園對面開的一家私人婦產科，在那裡待了45天才好。回來以後，我媽媽說重念二年級不好，所以叫人家去關說，變成直接讀三年級。但是直接去念三年級，反而變成上什麼我都不知道，也跟不上進度，所以最後也沒有畢業。

我後來到阿舅兒子開的礦油行上班，在民權東路那邊。那時候臺灣只有石油跟煤油，礦油是從日本進口，礦油行除了賣礦油還有煤油，我負責送油。一大桶將近300斤（臺斤），我一個人要想辦法把它扛起來。礦油有很多種類，有汽油、煤油跟機械油這種工作

用油，工作久了，無意間我就變成專家，所以 18 歲左右我就自己創業，在羅斯福路開了一家礦油行，但因為租金每月要 800 元，做一年半多就倒店了。倒店以後我就搬到新店，每天無所事事，幾乎都在那邊睡覺。一個叔叔的兒子看我這樣，把我叫到印刷廠「抾」（khioh，收集、撿）字、釘書，我都做得很好，結果一年半後印刷廠倒閉了，我又回到新店去，白天睡覺，晚上看月亮。

結緣臺鐵：司爐司機與當兵時期（1955-1985）

我進入鐵路局是 1955 年。那時候，我祖母一個表姊妹的兒子在宜蘭機務段當段長，因為欠一個雜工，我就被介紹進去了。我從掃地、掃廁所跟燒熱水開始做，辦公室裡面的人叫我去買香菸、看顧車輛，車子回來以後要清煤渣，我要替他撿，車子開出去要加水、加煤炭，我也要幫忙。那個時候早上 5 點鐘就要起來，晚上 7 點鐘以後才能睡覺。我當雜工沒有宿舍，只能睡在辦公室。一個月薪水大概 280 元，大概一天是 8 到 10 塊錢，待了將近 2 年。1957 年鐵路局剛好要招考機務練習生，我就去報考。因為我有讀過國語實小，所以國語的程度比宜蘭當地的小學生、中學生程度都還要好。那時候 30 幾個取 16 個，結果我是第一名錄取，連宜蘭中學的畢業生也考輸我。

練習生要去臺北八德路上埤頭的臺鐵員工訓練所受訓，我念的是修業時間只有 4 個月的專修科司爐班，是第 17 期第一名畢業的畢業生，畢業典禮的時候，所長還讓我坐在機務處長的後面。司爐班

這 4 個月只是上課，回到工作現場，有的要半年，有的要一年，才能夠熟悉工作技巧，但我 3 個月就可以文武都來，跟老一輩的司機配合。我當司爐的時候，跟老司機鄭萬經在一起搭配，我年紀差他太多。那時候鄭萬經底下有兩個徒弟，從蒸汽火車開始，他們傳授我技術。後來我底下一共有七個司機、司爐，我一邊做司爐，一邊做司機，不僅要訓練駕駛，還要一邊訓練司爐上、中、下的設備有沒有完整。

服役海軍永泰艦

1957 年，火車司爐當不到半年，我就被徵召去海軍報到。船上的鍋爐、電爐跟我在鐵路局學的一樣，海軍一看到我是火車司爐，覺得很好，就把我分到高雄永泰艦（排水量 640/834 噸，巡航 10 節）上當動力系統的二等兵，負責鍋爐。永泰艦有兩個動力，我當二等兵的時候，一個人負責一個動力，其他兵什麼的都在翹二郎腿。因為我們那艘船的人很少，編制不夠，所以最後我只有升到一等兵而已。升上一等兵後，要常聽永泰艦第二駕駛臺的指令，上面駕駛說現在船要跑得快，我就要做到。永泰艦是巡邏艦，屬於三等軍艦，負責運補跟巡邏。這艘船原本在美國是近海巡邏艦，抗戰勝利後從美國那邊得到 8 艘，改成砲艦，所以可以布雷。1958 年的八二三砲戰我就有參與到，那時候永泰艦負責運補，沒事的時候就待在澎湖馬公，晚上有需要就到金門沿海巡邏。我甚至親眼目睹到砲轟金門的情況，船也放過深水炸彈，曾經打到共匪的船過。永泰艦也去過

圖 4 ｜右側標示著舷號 41 號的海軍永泰軍艦（PCE-41）。
資料來源：海軍艦隊司令部，《老戰役的故事：海軍艦隊司令部四十九週年部慶特刊》（臺北：同編者，2002 年），頁 95。

南沙群島，那裡沒有碼頭。我們的船就停外海，跳水游到上面去，進行補給或巡邏。

　　我在海軍一共 3 年，1960 年 12 月 19 號退伍，之後回來臺鐵宜蘭線繼續當司爐。我負責的路線是從南方澳到基隆、華山、臺北這個範圍。宜蘭線最困難的就是有兩個隧道要爬坡，你必須要有能力節煤。當時還有節煤獎金，加上薪水雖然不到 1,000 元，但那時候已經算很好，能夠活下來已經不錯了。

　　1962 年我結婚，我爸爸才從日本回來，他在日本又娶了日本籍妻子。當時日本戰敗，看到臺灣人好像高一級，都要嫁給他。我結婚後沒多久，就去考司機員，最後以臺灣鐵路員工訓練所本科第 10 期運轉班第一名的成績畢業。這只有為期一個月的訓練，畢業以後很久才有司機員的缺。我當蒸汽火車的司機兩、三年以後，開始有

> — 66 —
>
> ## 五月份徵文競賽揭曉
>
> 一、錄取二名
>
> 　　第一名　郭約義　　宜蘭機務段
> 　　第二名　葉誉源　　基隆機務段
>
> 二、佳作二名
>
> 　　　　　陳　萬　　基隆機務段
> 　　　　　李瑞南　　高雄機務段
>
> 三、錄取徵文
>
> ### 談談司爐工作的技術和經驗
>
> 郭約義
>
> 　　交通運輸，在這百年以來，由平面發展到立體，日新月異的不斷的進展着。鐵路在這一方面仍然是站在首要的地位，不可一日不用。近幾年來鐵路已由蒸汽進步到柴油或電化。我們台灣鐵路也有電化之計劃和柴電機車之行駛。然而蒸汽機車，仍然是重要的主力。
>
> 　　爲使一次列車順利的運轉，需要多方面的員工，謹慎的計劃與合作。其中司爐是不可或缺的一員。司爐一詞，聽來雖略感不雅，但要當一名司爐，也并非簡單的事。他必須具有一般機械常識，更要有警惕身心，以及豐富的行車經驗。因爲他正協助着駕駛員，擔負着任重道遠的運轉工作，負起社會上行旅稱便貨暢其流的使命。
>
> 　　我幾年來，站在這個工作崗位上，談不上有什麼技術經驗。現逢此次徵文，我以拋磚引玉的心情，來談談我的工作經驗。
>
> 　　當我知道正要擔任某一工作班之前，我必須充分的休息和準備。在上班之前，我絕對禁止喝酒與勞身和傷神的事情，以保持相當的精力。此外還準備上班時所要攜帶的物品，如整潔的工作服、清洗用具，够用的零用錢，尤其是在夜間，手電筒更應攜帶。這些雖非重要，但如有遺忘，不無有所影響。還要着應在上班前準備妥齊。
>
> 　　在應當上班的時候，我們不應遲到，來到段裡，我們就應向值班工務員有禮貌的報到，聽取有關行車上應行注意的事項，閱讀告示，尤其應當注意臨時變更事項，如慢行地點、路綫與號誌的更改，以及工作中心項目等等，作爲行車藍本。
>
> 　　在車房裡，我們向整備人員接來了機車。我們應先明瞭這輛機車的性能與習慣。因爲同型的車輛中，每輛并不完全相同。在工作上，必須有所差別。如火層的整理，鍋爐水位的保持，甚致焚火的方法等等。上了機車，第一要檢點車上裝載的物品、工具等是否齊全，并予以整理。水産火箱內部，吹風作用是否良好，火箱內部有無洩漏或異狀，尤其應特別注意墊燒磚是否完整，耐火磚有無崩損，并向火箭作適當的投煤，小開送風器，昇高汽壓，火勢稍旺，因爲就要清理整理火層了。再次就要檢查水結動件是否正確，因爲它疏與否，直接影響我們的工作安全。射水器的作用是否完善，撒砂裝置是否正常，做完這些檢點後，就應行注油的工作。首先小開透調給油器的汽閥，使其充滿凝汽，插上油塞體的油心，并填滿機油。如多涼天氣裡，我繼先將注油預熱，以利注油工作。并注意汽缸油和機油的注油部位，以免遺漏，而使其失却注油作用。開啓空氣壓縮機，在風缸未達三公斤之前，應使其緩慢運轉，關閉排水閥，開啓透調給油器的油閥，鬆開手輪機，假使這些工作，能把握時間，正好配合着駕駛員的檢點工作。此時火箱內也許已呈赤熱狀態，正是清爐的時機。
>
> 　　駕駛員把機車駛到煤台的灰坑上，也許需要填補煤水。停止空氣壓縮機的運轉，開啓灰箱撒水裝置，開

圖 5 ｜ 郭約義於員工訓練所本科時期榮獲第一名的徵文公告及本文。
　　　資料來源：臺灣鐵路管理局，《鐵路機務資料》第 3 卷第 7 期（1963 年 7 月），頁 66-68。

柴油電力機車進來，我又再次到臺鐵員工訓練所受訓 4 個月，1969 年我從柴電機車速成科第 19 期畢業。當時開車的有十個單位，全省大概四、五十個司機來上課，我那一段宜蘭的司機、司爐大概一百多人，只有四個司機去上課。蒸汽火車跟柴電機車都會駕駛的人很多，但因為柴電機車沒有黑煙，比較乾淨，又可以穿西裝、戴領帶，所以很多人來學。

司機員工作內容

我當蒸汽火車司機的時候，不太喝水，看到水就覺得很寶貴。吃飯也不定時，因為有時候剛好要吃便當就遇到要爬上坡，或煤炭要敲，就沒時間吃，下坡的時候，就兩、三個便當一起來。所以我們有一句話說「一頓久久，兩頓相拄」（tsit-tǹg kú-kú, lióng-tǹg sio-tú），就是說吃一頓可以抵好幾頓的意思。我在宜蘭線開蒸汽火車的時候，宜蘭、雙溪、蘇澳、瑞芳跟華山這五個地方可以加水，加炭就在宜蘭站。其他線的司機員好像要在過橋的時候把水倒掉，進站再重新加，但宜蘭線過的橋很多，幾乎都是不排水的，因為加的水都不夠了。[7] 以前旅客列車都是木造列車，在列車上廁所，排泄物

---

[7] 蒸汽火車一般是靠燒煤使鍋爐的水產生水蒸氣以推動汽缸之活塞，因此常需要添煤及加水。根據鄭萬經先生的說法，蒸汽火車在行駛一段時間後，鍋爐水的石灰質就會變多，水也會變硬，石灰質會影響鍋爐使熱傳導變差。所以司機通常都會算火車跑了多少時間以後要到河邊，然後嘱咐司爐把水倒掉，若是從臺北南下的話，第一個放水的地點大概在進苗栗車站之前的後龍溪鐵橋，進到苗栗後，再行添煤加水，整個縱貫線也有其他地方可以放水。但宜蘭線因為距離相對較短，所以途中就沒有特地放水。參見臺灣鐵路管理局員工訓練所，《速成科司機班：檢修法（蒸汽機車）》（臺北：同編者，1961），頁 5-7。

會掉到鐵路上。後來廁所經過改裝，排泄物經過一個系統就隔離掉了。過年過節的時候，就會用載軍馬的貨車改裝成的車廂載旅客，我的妻子從彰化到臺北時曾經搭過那種列車，她說裡面大家都站著，很擠也很熱，車廂沒燈又看不到人，也沒有廁所，但票價卻跟普通車的價錢一樣。

　　蒸汽火車的司機員上班前要先領車子，車子會駕駛到煤臺旁邊。這個時候，我們司機員就會拿出一支上班一定要用的東西——「ハンマー」（hammer，鐵鎚），來檢查機車有沒有問題。我會用鐵鎚敲機車有活動的地方，像是鋼軌迴轉、運動的地方，或是橡皮的地方看有沒有鬆掉，沒問題的話，聲音就會比較沉，如果聲音清脆，發出本來不應當有的聲音就要查看。如果說鋼軌上有石頭的話，會「碰碰」震動，那這個就要檢查，龜裂的地方一敲，聲音馬上就出來了。我們的ハンマー有兩頭，一頭比較鈍，一頭比較尖，兩邊都會用到。一個認真的司機員，他的ハンマー要磨，磨得很亮表示很用功。ハンマー有的是臺鐵發的，有的需要會自己購買。我有一隻ハンマー是我前輩當檢查員的時候就有了，日本時代傳下來的，他退休以後送給我。蒸汽火車停駛二十幾年以後復駛，當時的司機沒有拿過這個，我就從日本買一打回來送他們。現在我送給國家鐵道博物館的那把，就是我去日本買的。如果是柴電機車，就不用這樣檢查，1969年以後我就從蒸汽火車換駕駛柴電機車。

　　我駕駛過這麼多火車，還是覺得美國車比較好。蒸汽火車的話，三輪、四輪跟五輪我都開過，五輪的車是我退休的時候在高雄學的。蒸汽火車主要的問題就是看速度多快，要拉多少車輛。柴電機車的

話，倒是有一個事情可以說。我們要買柴電機車的時候，當時洪致文在美國念書。他還特地從美國寫一封信要我們局長買哪一種的車，結果我們沒有按照他的意思，他就寫一封信回來罵我們，信還有簽名。[8]

基層員工族群及文化

我在宜蘭機務段服務的時候，有一些福佬人、客家人跟外省的技術人員。好的人一上火車，他會把他的駕駛臺洗得很乾淨。這些人技術好不好我不知道，但是有的就腳「曲」（khiau，翹）著，菸呷著這樣在「噗」（pok，抽）菸，不知道到底想不想工作。

關於臺鐵有很多客家人的問題，以前看過丘念台的回憶錄《嶺海微飆》曾寫說，黃國書[9]做鐵路委員去整理臺鐵，因為這個機會帶很多客家人進來，但是進來以後都是雜工，不用考試。若要問我對臺鐵族群分布的看法，我的觀察認為客家人因為比較晚到臺灣來，好的東西若不是在地人拿去，就是生意人拿去，所以就住山邊或是

---

[8] 經向洪致文教授查證與確認（2023 年 3 月 19 日），他表示 1990 年代初期臺鐵在購買 R180/R190 型柴電機車時，仍堅持「購買」而非「生產」舊型駕駛臺。當時國際上都已經進化到配置以保護駕駛的生命安全為主的安全駕駛室（Safety cab），但臺鐵仍要求購買舊型的駕駛臺，不利保障駕駛員的行車安全。

[9] 黃國書（1905-1987），客家人，本名葉焱生，生於新竹北埔，就讀臺北師範及淡水中學時因和日本警察發生衝突，乃於 1920 年潛赴中國，並入上海暨南大學攻讀政治經濟。其後入考日本陸軍士官學校並進入日本砲兵專科學校。抗戰期間官陞至陸軍中將，戰後出任制憲國民大會臺灣省代表，並在 1947 年二二八事件後擔任臺灣鐵路管理委員會委員，負責整理臺灣鐵路事務，與鐵路關係頗深。1948 年曾由臺鐵工會推薦當選立法委員（區域），1961 年當選第五任立法院院長，為立法院首位臺籍院長。參見鄭梓、王御風，《立法院長黃國書傳記》（臺北：立法院議政博物館，2015），頁 189-197。

靠圳溝邊。也因為這樣，客家人比較有團結性。光復以後，客家人有待在鐵路局車站的，就會一個帶一個進來。如果這個車站站長是福佬人，他要用人當然也是福佬人，一樣的意思。他們進來鐵路局，也不用技術，他們只要能夠離開家鄉出去就好，很容易滿足，如果是福佬人就會覺得鐵路局的工作錢太少。其實，福佬人最會「跋筊」（puaȟ-kiáu，賭博），很會花錢，也很缺錢，也會偷賣東西、偷拿東西。不過我們在當司機的時候福佬人跟客家人都有，會互相交代說車子今天哪個地方有毛病、要小心，畢竟都是同一條路線的人，到現在我們也是像兄弟在交際。在宜蘭線比較少客家人，也沒有聽過客家人有什麼樣的組織，客家人來到這邊的時候就漸漸變成宜蘭人了，不太需要特別有怎麼樣的組織。

　　火車司機都會有里程獎金，跑 500 公里若沒有事故的話就可以請領。不過大家都不太想要里程獎金，最好賺的是盜賣煤炭。那時候苗栗人跟宜蘭海邊的一些車站很多都在盜賣煤炭，苗栗是因為那邊有在飼豬，要「炕」（khòng，慢火久煮）豬菜，所以要討煤炭來燒火。宜蘭沿海是因為討海人魚捕上來要燒乾，就需要煤炭。我自己是沒有做這樣的事情，還因為這樣，鐵路局舉辦員工旅遊要分梯次出去玩的時候，都沒有人要跟我一起。

　　我雖然受洗過，但是農曆七月中元普度，我也會跟著拜拜。不過當初的宜蘭機務段段長叫潘摩西，大家都叫他鬍鬚仔，因為他是基督徒，所以我們沒有特別要拜拜。我在當司機的時候沒有撞到過人，也沒有發生太大的事故，只有一次從蘇澳回到宜蘭站，要進站的時候因為鋼軌變形讓火車脫軌。雖然速度很慢，但車輛行經一個

轉轍器的地方就「砰」的一聲掉下東西來。我妻子也還記得，那時候是晚上，他們住在宜蘭站旁的宿舍，睡覺的時候像地震那樣大聲。我的助理後來跟我的妻子說，當時他以為要跟かく（郭）同日做忌了。

臺灣蒸汽、柴電機車軼聞

　　有很多人說澎湖沒有火車，但是其實日本時代澎湖早就有火車了，只是不讓澎湖人知道而已。澎湖有一個地方叫做測天島，是軍事基地，軍艦就放在那個地方。澎湖人不知道有測天島，因為澎湖那沒有高山，東西都是軍用的倉庫，倉庫在地下室裡頭。船靠碼頭離那個軍火庫有一段距離，所以日本人要補給的時候，晚上用輕便車，比五分仔還小的小火車拉出來弄到海邊。因為都被擋住，所以澎湖人並不知道有火車這件事，日本投降了以後就把那個車子丟掉了。陳水扁當選總統以後，曾說澎湖人沒有看過火車，就叫臺鐵拿火車頭加客車，反正就弄一套給澎湖人看。澎湖有火車這件事情，是我在日本車輛製造株式會社裡頭找到資料回來臺灣發表的，我去日本把那個資料拿回來以後，我就寫一篇文章說明澎湖其實老早就有火車了。

　　臺灣光復以後，鐵路局有兩個顧問，一個是法國籍，另一個是美國籍。第一次是法國籍的顧問，他們希望臺鐵直接電氣化，所以觀光號的機車頭最早寫的是法文。後來臺鐵想要再買機車頭，美國籍的顧問就希望我們先用柴油機車，之後再來電氣化。這是因為美

國想要把要淘汰的柴油機車賣給我們,而且美國出產柴油。日本知道了就很生氣,說你們買車子的錢是向世界銀行借款,我日本是大股東,你為什麼不買我們日本的?後來我們就向日本買柴電機車(R0型)。但是日本的柴電機車是德國製造的,臺灣受法國籍顧問的影響,跟日本說你們的車是德國的車,不大好用。日本就回說,你說我們的車不好用,那你買10臺,我送你2臺,總共12臺給你。結果這個車是原本日本向德國購買,但不是很好用的車,日本後來不想要,就把顏色跟外表改成像美國式的柴電機車,我們實際在運轉駕駛的時候,也真的覺得很難用。主要是它的發電機跟內燃機不合,把手也有很多隻,駕駛臺能轉動的地方也不太合,啟動、煞車、加速減速都有問題,也不適合臺灣小轉彎、大轉彎,上坡下坡還有橋梁隧道等這種不是很溫和平坦的路線。[10]

鐵道人員軼事

我在宜蘭機務段當司機員,蒸汽火車還在跑的時候,軍方的運

---

[10] 根據洪致文教授的研究,臺鐵在 1950 年代後期開啟的柴油動力化,受到美援顧問的影響,主要是想採用柴電機車取代蒸汽火車。當時臺鐵原本預期由美國 GM-EMD 廠得標,卻沒想到 1958 年的公開招標,首批預計購入的 10 輛柴電機車竟意外由日本日立製作所以低價得標。這批柴電機車臺鐵形式編為 R0 型,除訂購的 10 輛外,加上備用的 2 輛共計有 12 輛,臺鐵編號為 R1~R12 號。備用車在 1966 年時由臺鐵認購,納入柴電機車車隊。R0 型的外觀相當地美式風格,與日式柴油車頭的外型差異頗大,這與 1960 年臺鐵當初採購時就想買美製柴電機車的想像有關。但 R0 型使用的是日立 -M.A.N. 的日德技術引擎,兩個三軸轉向架為全動軸的 C-C 配置,最高車速達 100km/hr,不僅單機運轉性能數據優越,亦可透過總控重聯運轉。雖然這批車性能數據優於美製 R20 型,但故障連連(此即日立提供備用車之原因),導致 R20 型大量引進後,R0 型只能轉為調車之用。參見洪致文,《臺鐵全車輛:柴油車・柴油客車》(臺北:作者自印出版,2017),頁 14-15。

輸單位會派鐵道兵跟所屬的司機、司爐來學開火車跟燒火，他們都是外省人。因為宜蘭班次比較少，所以每次大概只派一個小隊的人來而已，當時指揮的是一個上尉，宜蘭機務段就安排一個車庫給他們住。我也有拖過軍運列車，但是沒有配合軍方演習過。鐵路運輸其實是後勤的事情，不是前線戰場的事情。軍運的月臺也不太一樣，每一個大站都有一個小臺子，車子進來後，運輸物品就從臺子「趨」（tshu，推）落去，這些工作軍方大概都是自己來做，鐵路局的人大多不會干涉。

我個人是沒有聽過以前鐵路局有讀書會的事，但是有聽說過彰化機務段有一個叫做鄭木的被抓走，[11] 還有臺北到基隆中間的八堵車站好像是二二八的時候有發生過事情。

我曾經聽老員工說，臺灣光復後，日本人的鐵路局局長要離開前曾說：「鐵路交給你們臺灣人，3個月就全掛了。」在日本人離開臺灣之前，臺灣人最高只當到司爐而已，沒有什麼技術人才。[12] 結

---

[11] 鄭木（1920-2000），彰化人。擔任臺灣鐵路局嘉義機務段司機期間與鄭詩訪、蕭阿錦、康清塗、謝明月、楊福、曾木根等人，均為臺鐵同事與棒球隊而關係密切，曾木根後因涉入共產黨被逮捕，並供稱曾邀約鄭木等人參加叛亂組織，並對其宣講反動左傾言論，故依據曾木根之證詞，鄭木等人，於曾木根被捕前，顯然知其為匪諜，卻未向政府檢舉，故被指控「知匪不報」之罪。1952年7月15日鄭木被起訴，獲判有期徒刑2年，因時任參謀總長周至柔認為前次審判結果過於輕微，故1952年9月3日上呈至總統府，後改判有期徒刑5年、褫奪公權5年。參見曾令毅、鄭伊廷，〈148. 鄭木〉條，收錄於國家人權館、中央研究院臺灣史研究所，「臺灣白色恐怖歷史概覽編纂計畫：《白色恐怖事典》、《臺灣白色恐怖歷史概覽》」，2022年。

[12] 根據蔡龍保教授的研究，1926至1936年度的11年間，臺鐵臺灣人任判任官技手者，僅有1926年度任職工務課的柯佑，1936年度任職於改良課的吳水柳、吳建鋒。參見蔡龍保，〈總督府鐵道部技術團隊（二之一）—團隊的形成與變遷〉，《臺灣學通訊》第106期（2016年7月），頁9。

果，臺灣的鐵路也沒有停。1949年大陸派郎鍾騋當第一任臺灣鐵路局局長，他是上海交通大學畢業的，也是上海鐵路局的專家技術人員。他當局長的時候經營得很好。但是他只做一年半，就因為有一個很大的事故，就是萬華往板橋的新店溪橋發生事故，那次車廂火災事故死了一百多人，[13] 有人就藉這個機會把他趕走。但事故大概只是一個藉口，真正的原因聽說是他受老共的寄託來到臺灣進行地下工作，而且當時上面要將鐵路局的盈餘拿來支援反攻大陸、消滅共匪，但他不願給，寧願把每3個月、半年跟一年賺的錢都發獎金給員工。那時候因為這樣，加上他的名字叫郎鍾騋，前輩於是就叫他「攏總來」（lóng-tsóng-lâi）。後來他返回大陸，仍然在鐵路的單位。他過世的時候，大陸的「匪幹」有拜他，我們才知道說原來他是共產黨的人。臺灣也只有他能夠讓基層的員工讚佩，所以才會叫他「攏總來」。

說到鐵路員工的外號，還有幾個有意思的故事。我們機務段有一個基隆機務段段長，他是苗栗人，原本叫做「劉乞食（khit-tsia̍h）」，名字是乞丐的意思，大家叫他「阿食伯」，逢年過節他要上臺講幾句話，人家就會說：「劉乞食，上臺喔！」後來他就改名叫「劉刻實」。另外還有一個高雄機務段的段長，後來變成員工訓練所的所長，據說他小時候很愛哭，父母於是就將他取名叫「王惡」，但當

---

[13] 此即1948年6月25日新店溪橋發生火車焚車事故。當時一輛臺鐵列車行經新店溪橋（今華翠大橋位置）時，車廂因不明原因起火，造成至少64人死亡，成為戰後初期最為慘重的火車意外。溫文佑，〈戰後臺灣鐵路史之研究：以莫衡擔任鐵路局長時期為例（1949-1961）〉，頁155-157。

他進入臺鐵工作,並撰寫出版員工訓練所教學書籍的時候,就把那個「惡」字上下分開,變成「亞心」,於是就改叫「王亞心」。

做事第一:鐵路工會至員訓所時期(1985-1990)

我在海軍服役的時候就加入中國國民黨成為黨員,退伍以後回臺鐵就轉入鐵路黨部。那時候鐵路員工幾乎沒有不參加鐵路黨部的,當黨員雖然沒賺大錢,但也不會賠錢。當時加入黨部算是蠻有勢力。鐵路黨部旁邊還有一個福利會、鐵路工會。鐵路黨部雖然不會直接去管鐵路工會,但是很有影響力。1976年的時候,鄒錦松、洪耀歸曾跟我一起去陽明山上的革命實踐研究院受訓一個月。那時候是由段長推薦忠貞愛國的黨員去受訓。後來臺灣火車電氣化的時候,我的職位已經是「指導司機員」。1985年,有一個長官推薦我當鐵路工會理事長王子偉的助理,也就是鐵路工會的主任秘書,接任前一任的鄒錦松。1988年,我因為協調「火車聯誼會」端午節罷工有功,[14]

---

[14] 此處指的「火車聯誼會」應更正為「臺鐵員工聯誼會」。1984年《勞基法》公布後,臺鐵方面對於臺鐵工會接踵而來引用《勞基法》的諸多議題,包括延長工時、加班費等問題,遲遲無法有效回應而引起臺鐵工會不滿。因而使得全臺500名火車司機於1988年3月29日齊聚臺北天成飯店,舉辦「火車駕駛員聯誼會」說明會,並決定於5月1日勞動節時發動全國火車司機「集體休假」,稱為「五一罷工事件」。臺鐵1,600名火車司機員中就有1,200名於該日休假,造成南北交通大癱瘓。此舉驚動政府高層,促使時任總統的李登輝指示勞委會出面協調,並使臺鐵工會爭取到乘務旅費調高50%、訂定安全獎金發放標準、延長工時工資核算依照《勞基法》、資方不得任意調動員工等權益。此事件也開始讓臺鐵工會朝向脫離黨政控制的方向發展,同時也激發了臺鐵工會內部長期以來被壓抑的反對勢力之抬頭。因此,「五一罷駛事件」後沒多久,臺鐵工會內主張脫離黨政控制的反對派乃另組「臺鐵員工聯誼會」(勞工連線),並醞釀於當年6月18日端午節展開全面性罷工,但因政府事先拉攏國家統合主義制度安排之下的臺鐵工會,達成許多有利員工的協議,使得臺鐵工會的地位得以穩固,並直接促使臺鐵工會內的當權派「非勞工連線」推出的理事長候選人郭約義擊敗「勞工

黨部就推薦我當鐵路工會的理事長。我只做一任,到 1990 年就不願意繼續,退下來當 2 年臺鐵局政風室主任,之後才去員工訓練所。

接任鐵路工會主任秘書

記得要當鐵路工會主任秘書以前,我在七堵擔任「指導司機員」。那個時候,有一個主任要退休,我原本想理應是要輪到我了吧,因為沒有人比我資格更好了,結果卻升了別人,接連第二次、第三次都沒有升到我,後來才知道那是因為別人有包紅包。後來開會的時候,一個長官問七堵的段長說,郭約義現在是什麼職稱?段長說指導司機員。那位長官就「喔?」的一聲,說:「他在我的手是第一名畢業的,你們怎麼到現在都沒有升他?」沒幾天就叫我去當工會主任秘書。我原本以為要升主任秘書是要包紅包去給人家,以前的人都是這樣放風聲的,所以我一開始聽到風聲原本不放在心上,還跟妻子說:「人家在把我們『裝痟的』(tsng-siáu--ê)啦。」後來妻子就去跟一個處長探聽,處長就說不用去找門路,先在家等消息。後來我就接了鄒錦松的缺,那時候是 1985 年。

我在鐵路工會當主任秘書的時候,成立了「火車聯誼會」。[15]「火車聯誼會」是司機、司爐組成的聯誼組織,當時候有 1,400 多個人。

連線」而順利當選。該次選舉雖仍由當權派贏得領導權,但也說明過去長期以來由國民黨鐵路黨部主導的工會,體質正因當時臺灣社會的民主化與急速變動而產生質變。關於 1987 年解嚴前後臺鐵工會的轉變,參見林長造,〈臺灣鐵路工會變遷與發展:從國家附屬機構邁向自主〉(嘉義:國立中正大學勞工研究所碩士論文,2003),頁 95-103。

15 應指 1988 年 3 月 29 日成立的「火車駕駛員聯誼會」。

我們鐵路局的局長下面有三個副局長，三個副局長當中，按照慣例都有一個是軍方派來的。當時剛好有那種志願留營的軍人，他們退役下來以後去很多地方工作不合適，所以就回去找軍方的關係，軍方的人商討之後就安排這些退伍軍人到宜蘭機務段。本來他們是想成立自己的工會，但是那個時代一個企業只能夠有一個工會，所以才成立「火車聯誼會」。他們要借臺鐵的禮堂辦成立大會或是開會，臺鐵都說這個不正式，鐵路局連自己的大禮堂也不願意借給他們。後來還是我出面去說：「司機員也是我們自己的人啊，他要談的事情你就讓他談嘛。」後來才勉強借給他們開會場地用，他們還曾經在我妻子開的托兒所教室裡面開過會。

之後「火車聯誼會」的人為了工作時間跟待遇，決定在1988年的端午節罷工。[16] 我那時候在中間協調，因為我練習生、司爐、司機都當過，所以他們就把我拉下去，希望我跟他們站在同一邊。我妻子還說我那時候看起來快要發瘋，回來頭殼在那邊快要破掉的樣子，上面也壓，下面也壓，資方不聽也不行，所以有一天我就失蹤，讓大家找不到我，我就一個人沿北宜公路支線上到梨山，想說不知道要怎麼面對，還想說從山上給他跳下去，這樣就都不用想了。但後來因為協調罷工成功，所以我那一年就被黨部推薦成為鐵路工會理事長。

接任鐵路工會理事長

1988年我接任理事長之後，「火車聯誼會」的事情我也會一起

---

16 應指1988年「臺鐵員工聯誼會」於6月18日端午節醞釀的全面性罷工。

加入幫忙，那時候我是鐵路工會理事長兼「火車聯誼會」的會長。我任內曾爭取開火車有津貼，讓火車司機員收入變豐富，我也要負責跟韓國、日本的鐵路工會交流。鐵路工會也有派系之分，像是臺北機廠，自成一格，就不太偏鐵路工會，我們也不願意去惹他們，再加上一些我講不出來的原因，當了一任工會理事長以後，我就不願意連任。像林惠官就是臺北機廠的人，那時候他出來競選理事長。雖然說跟日本人交流鐵路工會的業務他不懂日語沒有辦法做，但我還是讓給他來接任。[17]

我上任鐵路工會主任秘書一年半後，省下不少錢。事實上，我幫工會賺很多錢。全省有兩百多個車站，那時候每個車站都有公用電話，我就跟電信局交涉說我們替你來服務。當時手搖電話是投幣的，它裡頭有個箱子，有時候箱子下去歪歪的，錢會掉到旁邊。臺鐵的員工就幫忙收公用電話的錢，那些掉到旁邊交不上去給電信局的錢，加上我們為電信局服務收的費用，就交回來鐵路工會。不要小看這些錢，像臺北車站，二樓、三樓、四樓都有公用電話，那些錢收集起來，我們工會可以拿去辦泰國旅行。還有像有時候要寫輓

---

[17] 林惠官（1957-2009），馬祖人，臺鐵臺北機廠技工出身，因 1988 年臺鐵罷工事件而開始涉入工運，1991 年後當選第 6、7 屆臺鐵工會理事長，並擔任第 3、4 屆全國總工會理事長，以及第 5、6 兩屆國民黨籍立法委員。值得一提的是，1991 年臺鐵工會理事長的選舉原應由郭約義照例連任，但卻因林惠官代表「臺鐵員工聯誼會」在未獲國民黨鐵路黨部的提名之下自行參選，進而在第二輪投票時以一票之差擊敗郭約義而險勝。由此顯示國民黨鐵路黨部長期控制的臺鐵工會，運作力量已逐漸式微，想控制工會的想法已日益難行。因此，1991 年林惠官的當選，可以說是臺鐵工會朝向自主性工會發展的分水嶺。尤其此一時期，國民黨將郵政、電信、鐵路、公路、航業海員等黨部整併為交通事業黨部後，國民黨鐵路黨部對臺鐵工會的控制，就更進一步減弱。林長造，〈臺灣鐵路工會變遷與發展：從國家附屬機構邁向自主〉，頁 107-108；〈前立委林惠官術後感染病逝〉，《自由時報》，2009 年 8 月 27 日，電子報，https://news.ltn.com.tw/news/politics/paper/330437。

聯，工會有 20,000 多位成員，每天都寫很多條。我就去問彰化和美的布行寫輓聯的白布一匹多少錢？他們說 300 元，但若叫我們的員工去買，一匹要 700 元。我一聽就跟布行說，以後都你們送來就好。

在我以前大概第 7、8 屆理事長都會要巴結這些鐵路局的處長、局長，只有我不跟長官他們來往。以前工會的主管，看哪一個單位的人退休或者是升格，都會買東西去送他。我上臺以後就什麼都不參加，也都不收禮。有一些人想當理事長，主要是想從政，但我就不想這些，那個時候我覺得工作能夠安心的做就可以了。當上工會理事長，很多錢交給你，你還要跟人家交陪，國內國外的，像韓國、日本，甚至中國大陸的鐵路工會理事長，跟他們互相在來往，光這些就很辛苦了。以前我在工會當理事長時，上任的時候底下一共有五十幾個人。我說我們要年終考試，後來只剩下二十幾個人。以前一些員工的子女、太太會被帶進來鐵路工會工作的習慣，也是被我擋下來。我只會傻傻的做事，所以讓有些人不諒解，關係一度不太好，一直到我退休以後才變得比較好。

1990 年我卸任理事長以後，曾去歐洲西班牙參加國際運輸工人聯盟亞太地區委員會議。我出國的地方很多，有一次我去大阪，我一個日本友人住在東京，對我一直很好，不過我在日本出差的時候都沒有打擾他。最後我想說隔天就要離開了，於是就打電話跟他說，結果他當天晚上就從東京跑到大阪來找我們，可見日本人的真性情。理事長卸任後，我在本局當政風室主任，2 年後到北投的員工訓練所擔任機務班主任，一共當了 10 年，一直到 2001 年才退休。

圖6 擔任鐵路工會理事長的郭約義主持會員大會。
資料來源：「封面」，《路工》，第54卷第8期，1989年8月。

畢生奉獻：退休後持續服務

　　退休以後，我還是持續在臺鐵服務約二十幾年，可以說比退休前的工作還要多、還要忙。像苗栗鐵道文物展示館、高雄的舊打狗驛故事館，還有宜蘭媽祖線[18]開車，或是蒸汽火車要訓練司機什麼的，我都有投入幫忙。

　　苗栗鐵道文物展示館那時候找我幫忙，就去了好幾個月。開幕的時候，運務系統的人，像陳德沛、宋鴻康、徐亦南，拍照站在前

---

[18] 宜蘭縣政府於2020年辦理之「蘭陽媽祖文化節」中，邀請宜蘭縣全縣約100間宮廟參與繞境，先於羅東鎮震安宮集合，於羅東市區遶境後，搭乘蒸汽機車CT273拉行列車，至南方澳澤蘭宮駐駕過夜。林敬倫，〈40年後再為媽祖開「蒸汽機車女王」駕駛：看到大家喜歡就高興〉，《自由時報》，2020年10月24日，電子報，https://news.ltn.com.tw/news/life/breakingnews/3330803。

圖7 ｜ 退休前因協助蒸汽機車復駛而受臺鐵頒發獎狀。
資料來源：郭約義提供。

面在笑，我們機務的，站在後面沒有笑。那個宋鴻康是我栽培出來的，他很用功啦，是客家人，德國話也行，美國話也行，鐵路的事情，都是我帶他一起走的，我們去阿里山林鐵幫忙的時候，他都叫我師父。高雄的舊打狗驛故事館我也有去幫忙，DT609本來在左營，後來是我把它拉回來的。那時候有一本書，這也是我跟很多人一起寫的。[19] 宜蘭媽祖線開車，我就在蒸汽火車上面，因為他們怕新的人不能用，所以就請我過去，從頭到尾坐在火車上。那時候我兒子安排

---

[19] 根據舊打狗驛故事館陳敬恆先生的說法，所謂的「書籍」應為文化部文資局出資，由高雄市歷史博物館申請、中華民國鐵道文化協會承攬，於舊打狗驛故事館規劃的「時空再生舊打狗驛營運行銷展演計畫」（2011）。

一個畫面,讓我妻子在月臺上,車子要開,我兒子就說:「爸,手伸出來。」我妻子就拉我,這主題叫做「記得我喔」,你記得我在家喔,不要「拋拋走」(pha-pha-tsáu,四處亂跑)喔。我覺得鐵道博物館應該要有一個地方有設火車模型。鐵路局後來販售模型,那個構想從頭到尾都是我在規劃的,那時候陳清標在餐旅總所當總經理,就有推出火車模型,因為限量,所以一下子就賣完了。

平心而論臺鐵問題

我們鐵路局的局長下面有三個副局長,三個副局長當中,通常有一個是軍方派來的。局長以前大多是機務跟運務輪流當。我記得有一任局長是董萍,[20] 是軍方來的。我沒有跟他接觸過,我也沒有聽過他的命令,他也不會用我,但記得他還不錯,如果鐵路跟軍方有不合的地方,他就出面解決。至於陳德沛,他的父親是空軍官校校長陳御風,後來到臺灣就到成大去念書,讀的是成大運輸管理,不

---

[20] 董萍(1923-2019),又名董紹城,生於浙江鄞縣(寧波),陸軍官校第17期畢業,三軍大學將官班、美國哈佛大學商學院高級管理班深造。來臺後先是受聘於兵工學校,自此進入國軍後勤單位,1972年陞任陸軍少將,隔年擔任陸軍總司令部兵工署署長,1974年轉任國防部參謀本部後勤參謀次長室次長,1979年三軍大學結業後出任中正理工學院院長,官拜陸軍中將。1980年由時任臺灣省主席的林洋港向國防部商調出任臺灣鐵路管理局局長,兼交通部鐵路地下化工程處處長,以「穿著衣服改衣服」的艱困方式,執行臺北市區萬華至華山站的鐵路地下化工程,並於1989年完工通車,被譽為「臺灣鐵路地下化之父」。參見樓登岳,〈董萍將軍〉,收錄於浙江同鄉會編,《浙籍俊彥口述歷史(一)》(臺北:同編者,2007),頁96-110;〈董萍〉,《軍事委員會委員長侍從室檔案》,國史館藏,典藏號:129-260000-0150;「總統府公報:褒揚令」(總統令109年1月10日):https://www.president.gov.tw/Page/294/47124(2023/6/8點閱)

算是技術人員，畢業以後就先到花蓮當站長，後來當上局長。[21] 他後來當了牧師，口才很好。他是運務專業，但就不懂機務嘛，有很多事情就不方便講了啦。

然後，機務處有兩個系統，一個是行車，第二個是維修後勤工作，但其實機務到現在幾乎沒有什麼專業了。駕駛機車沒什麼技術，按按鈕就好，不像以前蒸汽火車這麼複雜的東西，要控制燒煤炭、燒水跟車輛的迴轉速度。事實上，我認為鐵路局的組織只要旅客、車輛跟設備方面，也就是運務、工務、機務這三個單位就好了。

我感覺臺鐵最大的問題就是不用自己的人。以前我們包含機廠在內一共是 24,000 多人，後來只剩 14,000 多人，另外的工作就是包給民間單位去做，像是洗車、平交道都是，所以後來就變成亂七八糟，都給外面經營了。我曾經提出警告，但大概也沒有什麼人聽，我說臺灣不是經營軌道事業的地方。為什麼呢？因為臺灣沒有軌道工業。臺灣光復的時候，民間有兩間可以做鐵路車輛的公司，也可以做軌道，就是高雄的唐榮跟臺北的大同公司，但現在這兩間都沒有做車輛了。中鋼的鋼鐵很好，但是他們會問鋼軌一條可以維持多久？大概可以維持個 15 年，那臺灣有多少鋼軌可以鍛造？所以中鋼

---

21 陳德沛，遼寧人，1936 年生，成功大學交通管理系畢業，1964 年進入臺鐵服務，歷任車長、副站長、課員、秘書室股長等職務，1972 年臺鐵局長陳樹曦轉任臺灣省交通處長時，擔任交通處長機要秘書，1976 年回任臺鐵出任臺北車站站長，後陞任運務處長，1993 年還因信仰緣故取得牧師資格，1995 年出任臺鐵局局長，至 2000 年時屆齡退休，全心投入教會工作。其任內特重鐵道文化的發掘與傳承，曾因催生蒸汽火車復駛貢獻卓著，而於 2014 年獲頒交通部金路獎終身成就獎。參見國史館典藏，〈陳德沛〉，《軍事委員會委員長侍從室檔案》，典藏號：129-260000-0787；〈陳德沛局長到牧師的鐵道情緣〉：http://www.goodnews.org.tw/magazine.php?id=45611（2024/6/16 點閱）

不願意替臺鐵做鐵軌，因為鐵路路線短、鐵軌壽命長，所以整體沒有太多利潤。第二，我們沒有鐵道的訓練單位跟科系，不像中國大陸都有什麼鐵路專科學校，我們都叫一些「歪哥」（uai-ko，貪汙或以不正當的手法取得利益或財物）的人去國外買車、買油，買什麼的，這樣臺鐵能生存嗎？你看像最近彰化有個號誌合不來，[22] 那就是因為找外面的人來弄，所以當然不行，也弄不好。鐵路設備本就要從上到下一條鞭才可以，也才合理。

---

[22] 指2022年9月中秋連假期間，臺鐵員林至花壇號誌故障，事發到第四天才終於解決故障問題。〈中秋連假號誌故障大誤點 臺鐵：啟動專案規劃電力及號誌系統〉，《自由時報》，2022年9月25日，電子報，https://news.ltn.com.tw/news/life/breakingnews/4068978。

郭約義先生大事年表

1936 年	生於臺北大橋頭。
1941 年	舉家自臺灣遷居福建廈門四孔井一帶。
1947 年	搭乘美軍船艦舉家遷回故鄉臺灣,並進入臺北市國語實小就讀。
1949 年	轉學至大橋國民學校。
1951 年	考入臺北市立工業職業學校電機科。
1954 年	於臺北市羅斯福路開設礦油行。
1955 年	進入臺鐵宜蘭機務段擔任雜工。
1957 年	錄取臺鐵練習生,並進入臺鐵員工訓練所專修科司爐班,畢業後分派宜蘭機務段擔任司爐。半年後徵召入伍,於海軍永泰艦擔任二等兵,負責船上鍋爐。
1958 年	參與八二三砲戰金門運補業務。
1960 年	自海軍退伍,回任宜蘭機務段擔任司爐。
1962 年	與陳翠屏女士結婚,並於婚後考入臺鐵員工訓練所本科第 10 期運轉班。
1969 年	自臺鐵員工訓練所柴電機車速成科第 19 期畢業,自此換開柴電機車。
1985 年	出任臺灣鐵路工會的主任秘書(理事長王子偉)。
1988 年	因協調臺鐵端午節罷工有功,被中國國民黨鐵路黨部推薦競選鐵路工會理事長,並順利當選。
1990 年	調任臺鐵政風室主任。
1992 年	調任臺鐵員工訓練所機務班班主任。
1998 年	協助修復臺鐵 CK101 號、CK124 號蒸汽火車復駛。
2001 年	屆齡退休。
2016 年	因退休後持續義務協助蒸汽火車修復及復駛工作,榮獲交通部頒授「終身成就獎」。
2023 年	逝世。

Chapter 4

站務風景半世紀

簡清期先生訪問紀錄

圖 1 ｜ 簡清期擔任板橋站站長期間巡視照。資料來源：簡清期提供。

時　　　間	2021/12/24、2022/3/25、2022/6/28、2022/11/11、2023/3/3
地　　　點	新北市板橋區簡宅
使 用 語 言	國語、臺語
訪　　　談	陳柏棕、黃珮瑩、許宇凱、康可又
紀　　　錄	陳柏棕、黃珮瑩、許宇凱、康可又
受訪者簡介	簡清期（1930-），臺中州南投郡人。1945 年自集集東國民學校（今南投縣集集國小）高等科畢業後，經歷鐵道部水裡坑驛驛手、外車埕站站務司事、高雄港站站務員、華山車班車長、臺北車班列車長，以及景美站、鶯歌站、板橋站副站長、士林站站長、臺北站運轉與總務主任。1986 年就任板橋站站長，主理板橋車站業務，協助板橋車站地下化與新站規劃，於 1994 年 65 歲屆齡退休。他從日本時代至戰後的豐富鐵道職涯經歷，完整呈現一位由基層做到管理階層的鐵道從業人員積極投入工作、用心做到最好的辦事原則。

生平與家世

　　我的先祖世居南投市，原姓何，昔日曾與簡姓家族一起蓋房，因簡姓投資占比較大，所擁有的產權較多，配合日本時代戶籍與財產登記制度，簡姓家族提出，若欲保留何姓財產，需改姓簡，先祖為了保住房屋產權，故改姓為簡。[1]

　　祖父結婚2年後，因祖母過世且未有子嗣，另娶一位喪夫女子，即我的祖母。祖母原為江家遺孀，為了生計帶著大兒子、二兒子和女兒改嫁給祖父，爾後，生父親簡通。

　　父親簡通與母親林血結婚後，我於昭和5年（1930）1月7日出生南投市，5歲時隨著家人移居至今南投集集鎮隘寮里，家中育有12位小孩，共八男四女，我是家中長子。父親從事製陶業，於舅舅經營的水里蛇窯大型陶瓷工廠工作，[2] 因父親受雇於人，屬受薪階級，家境實屬貧困。舅舅的陶瓷工廠於其過世前即不再營業，並交由兒子管理改種檳榔。

求學時期

　　日本時代的學生若要就讀國民學校需要保護人（監護人），當

---

[1] 1903年總督府發布戶口調查規則中對於戶的認定係以居住於同一家屋內……，由此觀之，組成同一戶之人，必須同居之外，尚須同爨。參見戴炎輝，〈五十年來之臺灣法制〉，《臺灣文化》第5卷第1期（1949年7月），頁10。

[2] 水里蛇窯是南投縣水里鄉文化景點，1927年南投製陶師傅林江松鑒於水里當地為木材的集散地，燃料豐富且陶土質佳，讓他決定定居此地，也是最早到水里砌築窯爐的陶瓷工作者。

時擔任隘寮區保正的大舅父擔任我的保護人,我才能在昭和12年(1937)4月順利進入集集東國民學校(即今集集國民小學)求學。

由於中學學費所費不貲,加上搭乘火車通勤臺中或彰化,對我而言份外艱難,因此,昭和18年(1943)3月國民學校畢業後,決定直接報名集集國校的高等科入學考試。日本時代中學校數量很少,於是官方就在每個郡的某間國校內設置高等科,高等科不屬於義務教育,需經考試入學。南投當時沒有設立中學校,只在南投郡、竹山郡、能高郡、新高郡設有高等科,而新高郡的高等科設置在集集國校,大多是集集、水裡坑、魚池等地的人來投考,大概每二十人當中錄取一人。而我順利考取,並在昭和20年(1945)完成高等科學業。

報考海軍工員

二次大戰末期,日本軍方開始募集臺灣人當兵,國民學校配合軍方行動,鼓勵高等科學生投考少年航空兵[3]和海軍工員。[4]海軍工員

---

3 進入1930年代後,日本對中國東北展開積極侵略,為此軍方需要大量兵源投入中國戰場,陸軍少年飛行兵的招募制度也應運而生。1933年4月,明確公告相關招募細則與內容,報考年齡限定在年滿14歲至18歲之間,學歷則在公(小)學校以上,凡未婚、無破產宣告及未受過禁錮以上刑罰之少年皆可報考。少年飛行兵招募辦法發布後,對當時的臺灣少年十分具有吸引力,因在臺灣升學困難,且須考量家中經濟等諸多因素,報考少年飛行兵等同是多了一個就業選擇。當然也有人認為遲早將被徵召,與其當軍夫,不如自行報考少年兵學校,成為正式軍人。參考曾令毅,〈日治時期臺灣少年飛行兵之研究:以特攻隊員劉志宏(泉川正宏)為例〉,《臺灣史學雜誌》第2號(2006年12月),頁195-236。

4 即所謂「臺灣少年工」。二戰期間,日軍為彌補本土勞動力不足,擬由臺灣募集25,000名至30,000名少年,送往日本從事生產。1942年年底,以非公開方式甄選,透過臺灣總督府命各級學校代募,招募對象為中等學校與國民學校高等科畢業生;部分地區學校未設置高等科,

不是真正的軍人，是到海軍工廠負責修理飛機的工人，雖然不是強制應考，但聽說工作 3 年可以領到 2 萬圓薪水，高等科的學生幾乎都去參加海軍工員考試。我是到臺中的機場應考且順利考取，家人其實不清楚什麼是海軍工員，只知道能領 2 萬圓，又可以到日本工作，大家都很開心。

日本當時戰爭快要打輸了，我擔心以後可能會沒有工作，所以同時報考鐵道部的職缺。結果鐵道部的錄取通知先到，國民學校校方趕緊通知車站驛長說：「這個學生已經要去日本當海軍工員，不能錄用他。」後來美軍登陸琉球，造成日本和臺灣之間的交通中斷，船隻沒辦法過去了，軍方宣布海軍工員解散，最終未能成行。

日本時代任職水裡坑驛

昭和 20 年（1945）2 月，高等科二年下學期即將畢業前，我得知鐵道部水裡坑驛招聘驛手的消息，雖知道很難考，仍偕同鄰居鄭金華前往應試。當時是由集集驛、二水驛與水裡坑驛等站聯合招聘，共有三、四十人報考，僅錄取五人，我和鄭金華就是其中兩人。

自 3 月 1 日起，我被派任為水裡坑驛試用驛手，4 月 15 日通過試用，成為正式雇員，展開鐵路從業人員生涯。在當時的車站職員

則以國校六年級畢業生遞補。由於軍方開出的條件優渥，宣稱享有公費待遇，並可半工半讀，每月領取薪俸，修業完成尚能取得專校或中學同等學歷資格，加以學校校長與教員美言鼓勵之下，致使臺灣少年們競相報名。1943 至 1944 年 2 年間，日方共將 8,419 名年齡介於 13 歲至 18 歲之臺灣少年，分 7 期送往日本，接受速成的技術訓練。見陳柏棕，〈臺灣囝仔造飛機〉，《臺灣學通訊》第 81 期（2014 年 5 月），頁 24-25。

中，除集集驛的一位職員和集集驛、水裡坑驛驛長外，其餘都是臺灣人。

日本時代的薪資制度，傭員以日薪計、雇員以月薪計，新進傭員以學歷區分，國校初等科日薪 80 錢、高等科 85 錢、中學 90 錢，我以高等科畢業任職雇員，月薪核定為 85 錢，每月由驛長發放，直到戰敗前都照實領取，沒有積欠薪資的情況。

水裡坑驛的新進人員，原則上是由最基礎的清掃做起，從掃地、打掃廁所開始，還需要將廁所糞便挖出來存放到桶內，每天提桶到小溪倒掉。同時，還要學習調車、辦行李和扛行李等等業務。

我在任職之初，才得知鐵道部原先規劃各站新進人員到任後一併送往基隆，所以原本我們五個新進人員都要調派到基隆驛，當時基隆港屬美軍空襲目標的危險區，大家都不敢到那裡。由於上級曾下指示，不派任太年輕的人員，秋本驛長就以此為由，積極爭取我和鄭金華留在水裡坑驛，在集集驛任職的三位同梯新人也全數留任，其餘較年長的新進職員則依規定派到基隆，後來聽說他們因為不願前往基隆紛紛請辭，另謀高就。

水裡坑驛秋本東驛長的恩惠

水裡坑驛秋本東[5]驛長對我照顧有加，他到水裡坑就職前，分別

---

5 經查詢《臺灣總督府職員錄》，僅出現一筆秋本東資料，其係出身山口縣，於 1942 年時擔任鐵道部運輸課雇員。〈臺灣總督府及所屬官署職員錄〉（1942 年 11 月 1 日），收錄於「臺灣總督府職員錄系統」，https://who.ith.sinica.edu.tw/search2result.html?h=gP2YdRVQZFnErG4Evc%2FOj97BFNT4jwlzugfpLRIpz5rDk9kn%2Fto%2BXRdO3VlD1Dxw（2023/3/17 點閱）

任職於新竹驛、公司寮驛,[6] 是一位經驗豐富的驛長。我有回不小心打破茶杯,本來以為會受到驛長責備,他反而對我說:「沒關係、沒關係,有命的就會死,有形的東西就會壞。」杯子屬有形,本就會壞,讓我印象深刻。驛長夫人對我也非常好,她從日本師範學校畢業後曾任教職,後與先生來臺,家務之餘,抽空指導我算數、地理,對我日後進修、升遷考試等均有莫大幫助。

秋本驛長曾拒絕水裡坑當地人進入車站內販售商品,後來卻被人發現他同意讓日本人至站內做生意,彼此發生爭執,戰後更前來車站尋仇。他們包圍著秋本驛長,怒氣沖沖地對他說:「現在我們是當家的人了,你這個日本臭狗在這裡幹嘛?」我眼見事情不妙,趕緊跑去拜託車站隔壁運送店老闆到現場處理,幸好他到場後化險為夷,排解了糾紛。

秋本驛長夫婦育有一男一女,戰後一家人搭船離開臺灣。其後,像是集集、車埕的日本人驛長都曾回來臺灣,只有秋本驛長沒有回來過,不確定他們一家當年是否平安回到日本。

開始學習國語

日本戰敗後,臺灣人使用的語言從日本時代的日文轉換為中文。當時水裡坑站站長林逢光先生不懂國語,不會ㄅㄆㄇㄈ,我也一樣

---

6 位於後龍溪南岸出海口,因早期有漁民合力搭蓋可供收藏漁網的茅草寮而得名。清朝康熙末年時,稱為「礁荖叭港」,是先民入墾後壠或苗栗的登陸處。但最遲在乾隆年間,已稱為公司寮,日治時代亦稱為「公司寮港」,1949年地名改稱「龍港」,1954年公司寮火車站改稱「龍港站」。國史館臺灣文獻館採集組,《臺灣地名辭書(卷十三)苗栗縣(上)》(南投:國史館臺灣文獻館,2006),頁 154。

不懂。民國 34 年（1945），配合政局更迭，上級送來車站需要更換的告示牌，然而中文的專有名詞和日本時代不同，例如プラットホーム（platform），中文叫做月臺，我們根本不知道月臺是什麼，不曉得這些牌子應該放在哪裡才好。

為了適應日後工作所需，林站長聘請在水裡坑山林管理所服務、讀過漢文的江彪先生夜間到車站來教授員工漢文，先讀《三字經》，再讀《童子尺牘》，一個月後老員工紛紛離去，只剩下我、陳木水和林站長，無奈停辦。考量日後前途、升遷考試和公事處理需要，我懇求江彪先生讓我到他家裡繼續上課。先生家住在山上，家裡沒有電燈，我就借用車站的號誌燈帶去上課，不過油燈味太濃了，讓人頭暈目眩，只好改買蠟燭點著用。

結束課程後的某日，偶遇水裡坑木材場工人讀《封神榜》，借來一看，發現內容皆為漢字，我心想或許能透過閱讀小說增進漢文能力，要是看不懂的地方，我就向人請教。我便從《三國演義》開始讀起，循序漸進閱讀《隋唐演義》、《羅東掃北》、《樊梨花掛帥》、《薛仁貴征東》、《武則天》、《施公》等等，藉由閱讀這些小說，果然漢文實力大增。

由於我對中文已略有概念，因而在民國 37 年（1948）考取鐵路員工訓練所專修科第 1 期電報班。記得到訓練所受訓時，由通信股長負責教我們國語，他是臺灣人，國語講得不太好，所以用臺灣話教學，以《關聖帝君明聖真經》當作教材上課。當副局長前來巡視，股長就立刻改說國語，等到副局長一離開，馬上改回臺灣話教學，讓我留下深刻印象。

水裡坑的二二八事件

民國 36 年（1947）2 月 27 日，因鐵路局接收消息速度甚快，很快便獲悉在臺北後站有攤販跟外省人發生衝突，事情一發不可收拾。翌日（2 月 28 日）中午，車站裡突然出現五名手持武士刀的彪形大漢，口氣不友善地威脅站長說道：「你們要聽我的指揮，我們要去臺中支援，要車時馬上開車來！」當下站長很害怕，默不作聲，他們就一直在車站不肯離開。

到了第三天早晨，十幾輛卡車載著原住民，在水裡坑站前下車。幾百個人穿著參差不齊，有身穿日本軍服、腰帶日本刀，另有身著原住民傳統服裝，肩背番刀，聚集在站前廣場。我詢問後才得知，原來他們來自信義鄉，準備要搭火車到臺中。他們在水裡坑等待了三天，最後全數返回信義鄉。真慶幸他們未能成行，否則後果如何了結，實在不敢設想。

本科運輸班受訓

民國 40 年（1951），我考取員工訓練所本科運輸班，到訓練所受訓一年。鐵路員工訓練所就像鐵路局的大學，而本科運輸班是鐵路局運輸單位最高訓練班，畢業後經車長一年免筆試，副站長口試及格，即派任列車長或副站長職務，是運務員工一致盼望必經的熱門訓練班。在受訓的一年期間，需修習的課目共有 34 科，主要是鐵路相關科目，如鐵路、電信、客運、貨物、工務規章等等。

我從本科運輸班受訓一年學成，先到外車埕站待候調派，數日後，鐵路局人事室來電詢問調高雄港站意願。高雄港站乃是專辦貨運站，又是港口貨物進出站，經考量，本科畢業生在場站工作是短暫時日，應該很快會調派擔任車長，到高雄港站經驗貨運也無妨，於是就申請調往高雄港站。

▍辦理貨運工作

　　高雄港站以前是專辦貨運的場站，也就是現在的舊打狗驛故事館。民國41年（1952）9月12日，我到高雄港站報到，在這裡巧遇同學李進財，兩人一起晉見管際勳站長。管站長是一個東北仔（指東北人之意），略通日本話，具有日本人氣概，他用日本話對我們說：「君達は助役の卵だ。」（意指你們將來都會是副站長）又繼續說道：「你們在這裡不會太久，很快就要被調派當車長，所以要讓你們有經驗，每項工作辦一個月，直到調派車長為止。」

　　貨運業務主要有兩種，一是整車，一是零擔，並視貨車噸數來填寫貨票，貨車分為7噸、10噸、15頓、21噸、25噸，車種則有平車、有蓋蓬車、無蓋敞車、冷凍車、家畜車等等。要知道貨車都載些什麼，可以參考「貨物分等表」，分五級，每級有不同運費標準。貨票有一聯存根聯，一聯給目的站，另有一聯送交主計處檢查課審查，也就是要做報表用的。查帳員會去車站檢查貨票，主要是檢查貨票號碼，查驗昨天的號碼與今日賣的票數加總後是否一致。查帳員多為外省人，他們使用很大的算盤，跟臺灣人在日本時代用的算盤不

太一樣，車長、列車長看到查帳員都嚇個半死，差一元都不行，差小額申誡，差大額記過。

臺北站是純客運，貨運交由華山站辦理。我在民國42年（1953）元月，由高雄港站調派至華山車班擔任車長，以前要在臺北站擔任車長，都要先到華山站跑貨物車班，跑一段時間，當臺北站客車車班出缺，就可以優先調任。

我在擔任華山站車班車長期間，每天一早就要到貨物房報到，站務員會在那裡把列車「摘掛表」交給我，所謂「摘掛表」就是機關車到每站應該放幾車，掛幾個空車，車長的工作就是要驗算是否超過限制，計算好掛載方式，其他站就看貨單辦理。計算無誤後，列車「摘掛表」一張給車長，一張給司機，然後兩人對錶，時間一樣才出發。

華山站的貨運是從基隆出發，最遠到彰化，機關車到新竹就要更換編組及車長。因為臺北沒有工廠，通常從華山站運送出去的貨物大多是菸、酒及雜貨，使用零擔車來運送，而運抵華山站的則以水泥為大宗。

鐵道兵生涯

我離開華山站車班後，歷經臺北車班列車長、景美站副站長、鶯歌站副站長等職務。民國47年（1958），擔任板橋車站副站長期間，收到入伍徵召令，於當年7月9日入伍。國軍設有鐵道兵團，雖說是鐵道兵，多數人卻不會開車，也不會修車。因此國防部下達

命令，有特殊專長的役男可以在新兵訓練中心申請當特殊兵種，像是會開卡車的人就可以申請駕駛兵，鐵道從業人員則能申請當鐵道兵。

我於是提供在鐵路局的服務證明給新兵訓練中心，中心再將文件送到國防部審核，最後把我分發到鐵道兵團服役。鐵道兵團只有一個營，叫做鐵道運輸營，營本部在萬華的南機場，下分運務連、機務連以及工務連。一個連有二、三十個新兵，他們要學開車，也到斗南車站付鐘點費跟副站長學摘掛車。由於我在當兵前已是板橋站副站長，所以連長直接指派我擔任講師，要我教授鐵路運轉和貨物規章。我在鐵道運輸營服役1年8個月，在民國49年（1960）3月8日退伍，退伍後復職板橋站副站長。

調升士林站長的過程

我從民國47年至68年（1979）擔任副站長的年資已累積25年，其中，就任板橋站副站長達20年。我在擔任副站長的職涯過程，許多本科運輸班同學、後期學弟紛紛調升三等站站長或主任，而我卻仍是副站長。

過去因為目睹臺鐵內部各種喜事、活動，上級常需自掏腰包贊助金錢、物品的陋習，還了解到若要升遷，需要的不是累積的實績和自身實力，而是要透過特權或金錢。曾經有人多次到我家遊說，表示花5,000元就可以升三等站站長，考量5,000元相當我一個月薪水，且不是正大光明之事，所以被我屢屢回絕。

民國 68 年，時任臺北運務段段長商吉甫，是我在運輸班受訓時的貨運規章老師，結訓後許久未見。到任後第二天，他著便衣巡視板橋站，我正好值日班和他巧遇，向前問好，他投以奇怪的眼光看我，並詢問道：「你是 2 期的？」我回答：「是！老師！」他便生氣對我開罵：「什麼老師，我沒有你這個學生，副站長要當多久？其他人都當上一等站站長或是股長了，你還在這裡幹副站長！」我回覆他：「沒有人可以提拔我，我也不想花錢，有機會我想退休。」卻立刻被商段長責備，他說：「我已經六十多歲了都還沒退休，你退什麼休！」隨即氣沖沖離開，繼續巡視行程。

　　商段長接任臺北運務段段長一個月後，適逢淡水站站長退休，站長出缺，商段長考慮將士林站站長調往淡水站，再調我去擔任士林站站長。但是他考量自己任職時間不長，且我們是師徒關係，擔心這樣的人事安排會被人說三道四，就取消直接指派，改以其他方式辦理。

　　商段長經歷豐富，他為了排除各方關說、特權，擬由運務段各股長以上主管推薦，以投票方式遴選。接著就有不同人提出建議人選，這些人選的共同特色就是他們結拜或認識的人，如人事主任提名的艋舺站副站長就是他的舊識，常常私下吃飯喝酒。無論是誰提出的建議人選，就是沒有人提到我。

　　人事主任提名艋舺站副站長，他雖然沒有經過任何臺鐵正式考試審定，仍符合資格，商段長則暗中囑咐訓練所 2 期的同學，時任業務股長的修志興提名我，因為我的年齡、年資、學經歷皆符合條件，當大家得知我被提名後，就沒有人再提出其他人選，只有我和

艋舺站副站長兩位候選人。

　　投票制度的設計是段長投 4 票，副段長兩人各投 2 票、股長（總務、業務、指導、清潔檢查員）四人和主任（安全室、人事）兩人各投 1 票，共計 14 票。投票的結果，對方獲得 3 票，我獲得 11 票，順利當選士林站站長。

士林站站長時期

　　民國 68 年 4 月，我接任士林站站長，士林站雖是三等站，但營運量不亞於二等站淡水站及北投站，乘車人數每日平均 4,000 人次。除了我之外，尚有副站長兩人與站長三班制輪值，貨物員兩人、轉轍工兩人、站工四人總計 13 人，員工雖少但相處融洽，分工合作。

　　我在任職士林站站長期間，鐵路局局長為了要求各站執行美化環境政策，經常舉辦環境清潔檢查競賽。在苦無經費的情況下，為爭取佳績，以克難方式自製四角形大花盆 12 個，種植榕樹排置在月臺上，並增植花叢，四季開花，美輪美奐。因站場只有四股，道不寬，較容易清潔，定期拔除路線雜草，見地上有紙屑、菸蒂也馬上撿拾。惟站房是八十餘年外觀老舊的老房，我們仍花費心力將窗戶玻璃擦拭得一塵不染。

　　我在就職半年之後，很快就面臨到當年度全路客運競賽，由單偉儒副局長率領運務部門主管蒞臨車站檢查。單副局長見車站窗戶一塵不染，詢問擦拭的要領，我回答後他很滿意，其他客運服務也獲得佳評，這次的競賽就以客運服務績優，獲嘉獎兩次。

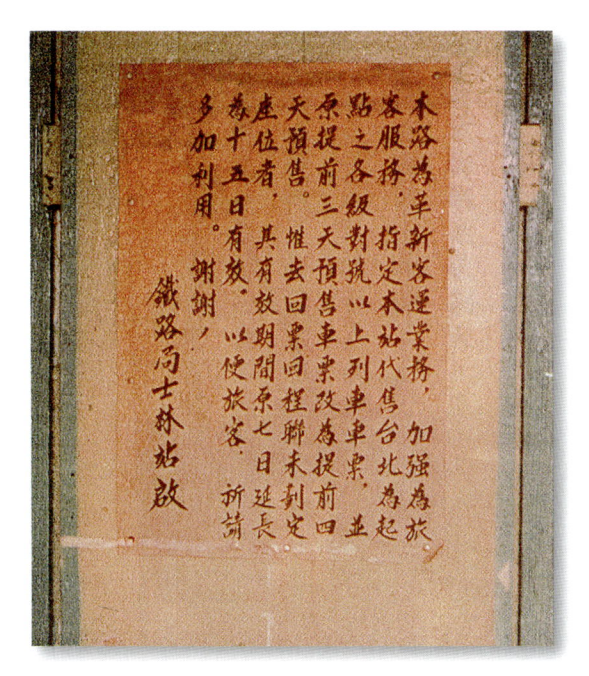

圖 2 ｜ 促銷士林站售票告示。資料來源：簡清期提供。

　　民國 68 年 10 月，鐵路局指定松山、萬華、士林等站接受販售臺北站各級對號車車票，我為了提高銷售率，乃書寫 10 幅宣傳告示，張貼在士林街道明顯處所。此宣傳獲得莫大效益，每日分配三百餘座位銷售一空，營收增加，售票效率高於松山、萬華等站許多。

臺北站運轉主任時期

　　民國 70 年（1981）元旦過後，我接到調派令，調至臺北站任運轉主任。元月 14 日上午與新任站長完成交卸程序後，下午就離開任

職1年9個多月的士林站，前往臺北站報到。不久立即主理繁忙的春節旅客疏運業務，負責臺北站號誌切換作業，幸賴各同仁通力合作，均如期完成，順利達成春節疏通旅客及切換號誌任務。

我在擔任臺北站運轉主任期間，時時刻刻與運轉員工共勉，一同為行車安全努力，經辦過三次春節疏運，均圓滿達成任務。民國72年（1983）春節疏運期間，遇女兒簡月華于歸，因身負臺北站輸運旅客重任，照常上班。這件事被管制中心的長官知悉，在順利完成春節疏運後，以「女兒于歸放棄請假堅守崗位完成春節任務」記嘉獎一次獎勵。

我在接任運轉工作時即以行車安全為己任，尤其在行車密度高的臺北站，是北迴線的終點站，淡水線起訖站，管理良否，影響整個鐵路局聲譽至鉅。匯集三十多年來運轉作業經驗，期間訂定若干行車及調車安全措施，使員工得以遵行工作。我認為員工跟主管是一體兩面的，員工肇生錯誤，主管要負連帶責任，秉著「帶人要帶心」、「以德帶人」銘言，善待員工，以鼓勵代替懲罰。我也曾為祈求運行平安，前往大溪買神龕、神桌，置於地下室，主要是供奉觀世音菩薩和關公。

臺北站總務主任時期

民國72年9月，臺北站總務主任管超屆齡退休，未退前即有多人透過管道爭取此位。總務主任乃是站長幕僚長，需全力投入協助站長推行站務，尤其臺北站營運量高且事務繁雜，又即將面臨電腦

圖 3 ｜ 電腦售票業務。資料來源：簡清期提供。

　　售票革新業務、[7] 鐵路地下化工程規劃中的臨時站房、新站房新建等等，考量以上種種原因，不得不慎重遴選總務主任。因此當時臺北站的馬中南站長決定由現任主任調任較為適宜，婉拒其他管道推薦的人選，且他早有屬意人選，並向上級開門見山直說道：「若非由運轉室簡主任接任總務，我不幹臺北站長。」

　　民國 72 年 9 月 1 日，我由運轉室接任總務主任，運轉業務交由

---

[7] 臺鐵於 1983 年建置第一代票務系統，並於 1984 年 6 月起正式實施，開啟臺鐵使用電腦售票的新時代，但系統運作邏輯及配座方式仍維持各站固定配額之做法，實施車站僅止於臺北、松山、萬華與板橋四個車站部分窗口，其餘車站仍維持人工發售名片式乘車票。楊孝博，〈臺鐵第四代票務系統 - 回顧與展望〉，《臺鐵資料季刊》第 376 號（2021 年 3 月），頁 1-24。

原副站長尹承蓬先生接掌。我接手總務業務後的首要工作是整理內務，不只是總務有關事務，也同時彙整客運、運轉檔案，尤其是規劃中的鐵路地下化工程相關案件與圖表，均由運轉室移總務室歸檔成冊保管，以求有系統地統籌辦理。此外，也將雜亂文件書表重新分類，重要密件不適時宜均列報銷毀。

　　鐵路局為維護場站安全，每年均會舉辦安全防護訓練，往年臺北站分別由旅客、運轉單位自行實施，因人數少，過於草率，敷衍交差。為落實安全防護及提高員工智識與觀念，民國72年起，由總務室統籌舉辦規模較大的訓練，除本站站長、主任講課外，另外邀請臺北市消防隊城中分隊蒞臨講解消防設備功能與常識，並實地演練；也聘請醫院護士蒞臨講解與示範緊急救法、傷患包紮、止血與抬送傷患要領說明演練。這次訓練與往年相比效果顯著，員工不但吸收技能，亦提高了安全防護觀念。

　　因臺北站是臺北市的交通樞紐，每年防空演習都被警備總部出狀況抽查，故需慎重規劃，對消防器材、人員編排、聯絡系統、急救等等均應妥為準備，以應對任何突發狀況。防空演習火車不管制，正常行駛，每班到站下車旅客數百人，演習時間內起碼五班到站，站內避難所被擠得滿滿都是人，此時旅客疏散良否，占考評比例很高。由於臺北站代表鐵路局，每年演習時局長均以民防指揮官身分，親自到站坐鎮督導，接見警總考評官員，站長也需陪伴跟隨，現場即由總務主任負責，全盤指導作業，對考評得失負有重大職責。幸賴同仁均能發揮團隊精神，每年防空演習考評，均名列前茅值得安慰。

此外，為了鐵路地下化工程施工，我在接任總務主任後，隨即展開臨時站房遷移啟用、新站房規劃、行車設施的切換轉移變更。至民國75年（1986）12月26日離開臺北站接掌板橋站，這期間除站務等日常工作外，各種工程日以繼夜趕工，亦針對本站營運需求不斷地開會協商。在此艱困情況下，難免與各單位見解不一，但事後均可印證我們的堅持是對的。

板橋站站長時期

民國75年12月，板橋站站長黃永造調任桃園站，站長一職出缺，早已風聞數人爭取。因板橋站今非昔比，為排名全國第三大站，然而相關站場設施與環境皆已不堪負荷，加以無論站務、行車、服務旅客，均需投入極大心力，故我本無意回鍋板橋站。上級為避免民意代表關說，均秘而不宣，20日臺北段馬中南段長、[8] 運務處司航忠處長旋風式的推薦我報呈卜元禮局長核示准可，24日送人評會審議通過，26日接任板橋站站長一職。

我在民國50年（1961）任板橋站副站長時，板橋市人口才5萬餘人，而接任板橋站站長後，板橋的人口總數達50多萬人，成長了十倍，加上鄰近的新莊、泰山、土城等城鎮，人口均大幅度增加，需仰賴板橋站乘車南北往來，據民國73年（1984）運務處營運統計，每日上車人數平均19,393人次，已位居全國排名第三。

---

[8] 馬中南於1985年5月卸任臺北車站站長，隨後奉調高雄運務段副段長，1986年3月調接臺北運務段段長。

鐵路局鑒於業務成長快速，規劃電腦售票，與臺北、萬華、松山連線，在民國75年9月動工，原定民國76年（1987）元旦前啟用，惟工程時程不及，乃改訂於春節後啟用。但發現未盡理想之處尚多，諸多措施需改善，像是未設計售票口顯示牌、票房安全措施不足等問題，經我建議，由屠宗海副局長裁決追加38萬元，並裁示各單位應趕工加強測試，定於2月17日如期使用，不再延緩。

最終設置售票終端機（TPT，Ticket Payment Terminal）五部，預售票兩部、當日票三部，皆設置在前站，因無站務終端機（SMT，Station Management Terminal），故結帳單由臺北站代印。新增電腦售票後，售票速度加快，惟TPT數量不夠，仍無法應付眾多旅客購票所需。經我極力爭取，8月10日再由臺北站撥用兩部TPT，勉強滿足旅客購票需求。

板橋站客運成長快速，民國78年（1989）統計，一日平均上車人數增加至28,273人，售票窗口已近飽和，每日尖峰時段，購票旅客大排長龍，頗受輿論指責。為解決此問題，其實我已有考量，在尖峰時段於候車室設置分散售票專櫃，唯恐人力運用困難，不敢貿然執行，尚需仰賴上級支持，經與處長及段長數次商議，准預售票口派三班制。民國79年（1990）10月1日起，於前站剪票口欄杆處，排設尖峰時間臨時設票專櫃，指派兩名售票員專售松山、臺北兩站各種車票，為求迅速，標示「自備零錢」，效果良好，一小時售出一、兩百張車票。經月餘，鑒於後站旅客購票大排長龍，於是增派站工一人，於二月臺剪票口販售臺北站各種車票。這種分散售票專櫃，對紓解購票人潮助益良多，甚獲讚譽與肯定，直至自動售票機設施

完成使用始取消。

　　面對板橋站客運逐年增加之情況，剪票措施也極需改善。民國76年（1987）10月，在北側闢出入口一處，臨時調派人力收剪票，緩和月臺進出旅客擁擠現象。但前站剪票口遇尖峰時段，兩人剪票還是難以應付旅客需求，為緩和進站旅客推擠，商得行李房人員在上午7點至8點半協助剪票，並派電報員在剪票口旁邊設置專櫃為回數票旅客蓋日期戳服務，對緩解板橋站尖峰時段進出站旅客秩序有莫大的改善。

　　板橋站貨源以海山煤礦大宗生煤，以及板橋酒廠生產的酒類為主，全盛時期每日平均起運600噸。隨著都市發展，社會環境變遷，

圖4 ｜ 萬華－板橋鐵路地下化開工典禮。資料來源：簡清期提供。

板橋酒廠停廠遷移，海山煤礦也在民國78年封礦停產，由板橋站起運盛極一時的貨源就此逐漸沒落，終至結束。

萬華－板橋鐵路地下化是交通部臺北市區鐵路地下化第3期工程，民國82年（1993）9月在萬華站廣場舉行開工典禮。民國83年（1994）2月，因逢萬板鐵路地下化工程，板橋站採取之營運臨時措施為選擇於北貨場興建行李房與貨物房，陸續拆除倉庫二、三股道及貨物房、行李房後，進行鐵路地下化工程施工，並拆除站內側線，最終在民國84年（1995）7月全面停辦板橋站貨運業務。

退休

我原定於民國84年2月1日命退日，恰巧遇除夕，為免在業務繁忙時日，尚要準備站務交接事宜，恐影響春節疏運旅客業務，以此為由呈請提早一個半月退休。經段長鄒錦松考量實情，轉請運務處核准，終在民國83年12月15日退休，交接給新任站長簡源煌。自民國75年12月28日接任板橋站站長至退休，

圖5｜簡清期先生退休紀念照。
照片來源：簡清期提供。

歷經 7 年 11 個月，這段時日是從事鐵路半世紀來，親自主理鐵路站務工作，最可歌可泣亦是最有成就感的歲月。

鐵路局內部人際網絡觀察

臺鐵內部的用人問題，我自己觀察到的現象是，各自拉攏與引薦己方的人，如客家人會引薦客家人，外省人亦會引薦同省籍的人。派系組合以單位為主，每個單位內又會因臺灣人和外省人不同，各自形成不同派系。

在臺灣人的派系裡區分為閩南及客家，閩南人屬於小眾，自成一派，而客家人的派系因區域不同，又可以細分為湖口、中壢、桃園、新竹、苗栗、山線、海線等派別。以我在任時的臺北車班為例，包含列車長、車長、隨車員還有服務生好幾百人，就分了好多不同派系，28 位列車長當中，多數是客家人與外省人，只有我是閩南人，自成一派。

至於外省人則依區域和軍種區分成眾多派系，區域的部分主要分為東北和內地，內地又依省份不同分成福州、廣東等派。在這些派系之內又各自依退伍時的階級區分派別，青年軍另成一派。政府在規劃退伍軍人謀職方面，通常是將他們安排到學校教書，或是派到鐵路局。進入鐵路局的退伍軍人，上校、中校職等者主要負責檢查業務，上校以擔任段長為主，少校擔任檢查員和人事管理員，上尉則是擔任列車長、查票員和車長。

經由派系裙帶關係而任鐵路局職員，將產生什麼影響？我舉一

個例子來說明：陳清文是鐵路管理委員會主委，他是福建省廈門人，帶了一批認識的人來臺灣，有位跟著陳局長過來的年輕人曾跟我分享他進入鐵路局經過，他說他向陳清文主動要求到鐵路局當站務員，聞後當面斥責他道：「猴囡仔（kâu-gín-á，臭小孩）居然敢要求當站務員！」罵歸罵，仍然安排他到萬華站擔任站務員，負責剪票作業。他幾乎不曾細看旅客的票單，只要是有人拿票來，他就剪票。這造成鐵路局有很多不懂鐵道的外行人在任，而我們這些受過專業訓練、經過考試的人卻無用武之地。

簡清期先生大事年表

1930 年	生於南投。
1945 年	畢業於集集東國民學校高等科,擔任鐵道部臺北辦事處水裡坑驛驛手。
1948 年	臺鐵員工訓練所專修科第 1 期電報班進修,擔任臺鐵彰化運務段水裡坑站站工。
1949 年	擔任臺鐵彰化運務段外車埕站站務司事。
1951 年	臺鐵員工訓練所本科第 2 期運輸班進修。
1952 年	擔任臺鐵高雄運務段高雄港站站務司事。
1953 年	臺鐵臺北運務段華山車班站務司事代理車長工作。
1954 年	臺鐵臺北運務段臺北車班站務司事代理列車長工作。
1956 年	臺鐵臺北運務段景美站站務司事代理副站長工作。 臺鐵臺北運務段鶯歌站站務司事代理副站長工作。
1958 年	就任臺鐵臺北運務段板橋站副站長。 126 梯次常備兵入伍。 分發至陸軍鐵道運輸營第四連服役。
1960 年	退伍。
1979 年	就任臺鐵臺北運務段士林站站長。
1981 年	就任臺鐵臺北運務段臺北站運轉主任。
1983 年	就任臺北站總務主任兼辦安全防護工作。
1985 年	就任臺北運務段臺北站站務主任。
1986 年	就任臺鐵臺北運務段板橋站站長。
1994 年	退休。

Chapter 5

臺鐵便當逆轉勝

陳清標先生訪問紀錄

圖1 | 1982年,總統蔣經國蒞臨臺北車站,慰問返鄉度節旅客。總統身旁戴帽者,為臺北站站長陳清標。資料來源:陳清標提供。

時　　間	2022/9/21、2022/10/20、2022/11/10、2023/2/17、2023/2/27、2023/6/1
地　　點	臺北市中山北路六段何偉群宅
使用語言	國語、臺語
訪　　談	曾令毅、嵇國鳳
紀　　錄	嵇國鳳
受訪者簡介	陳清標（1940-），臺南新營人。1959年就讀成功大學交通管理學系，1963年錄取臺灣省經濟建設人員特種考試「交通管理科陸運組」，1964年10月23日進入臺鐵局工作。歷任列車長、嘉義站副站長、新營站總務主任、斗六站站長、嘉義站站長、臺北站站長，而後服務於臺鐵附屬事業「餐旅服務總所」，自車勤部經理、業務課長、協理等職一路累積經驗，至1993年擔任總經理，並於2005年7月退休。陳總經理是第一位本省籍臺北站站長，有豐富的站務經驗與獨到的管理風格，努力以多角化經營模式，將臺鐵餐旅事業推至另一高峰，成功打造出臺鐵便當文化的經典形象，並推廣至日本，重新喚回大家旅行記憶中的經典好滋味。

求學歷程

我生於 1940 年，臺南新營舊廊里人，我的父親是位佃農，叫陳仙助，母親為陳李錦蓮，兩人同為新營鐵線里人（俗稱鐵線橋）。我家有 11 位兄弟姊妹，男生有六位、女生五位，我排行老四。

我於 1959 年就讀成功大學交通管理學系（以下簡稱交管系），當時系主任是劉鼎新老師，他是交管系創系第一任系主任。遷臺前，劉老師曾在國民政府的鐵路部門工作，有豐富的實務經驗。[1] 當時，交管系會於大三時進行分組：陸運、航運與電信，陸運組轄下又分成鐵路與公路。由於劉老師在鐵路上的專業，會特別鼓勵同學朝鐵路營運的方向，替未來的臺灣交通建設去努力。所以大三進行專業分科時，以選擇陸運組的鐵路專業者占多數，印象中我們

圖 2 ｜ 劉鼎新老師。

---

1. 劉鼎新（1901-1974），字定九，河北天津人，1927 年交通大學鐵路管理系畢業後，公費留美，1931 年於賓州大學取得碩士學位，返國後，曾擔任錦州東北交通大學的教務長。1931 年九一八事變後撤退入關，曾任京滬、滬杭甬鐵路的車務處副處長等職。抗戰期間，任湘桂鐵路局車務處處長、副局長。來臺後，劉氏曾任交通部設計委員會委員，主持鐵路營運方面的設計工作。1955 年，省立工學院（即成功大學前身）成立交通管理學系，劉氏被聘為系主任，負責系務組織規劃，1958 年 5 月，擔任商學院院長兼交通管理系主任。陳樹曦，〈悼定公學長〉，《交大友聲》第 245 期（1974 年 12 月），頁 37-39。另可參閱〈劉鼎新〉，《軍事委員會委員長侍從室檔案》，國史館藏，典藏號：129-200000-2947，頁 1-8。

圖 3 ｜ 祖立岑老師。
圖 2、3 資料來源：國立成功大學 1971 年畢業紀念冊。國立成功大學提供。

第 5 屆選擇陸運組的有二十幾位同學。

　　師資方面，劉老師延攬不少臺鐵現職的專家學者，讓我們除了課本的知識外，也能對臺鐵營運現況有基礎的了解。其中令我印象深刻的是祖立岑老師[2]，當時他擔任臺鐵旅客課[3]的課長。除了教導書上的理論，祖老師更是耳提面命，身為「鐵路人」應該具備的處事態度：既在其職，就得堅守崗位、沒有絲毫懈怠心將工作完成。日

2　祖立岑，1930-1934 年於東北大學鐵路管理系求學期間，曾受業於劉鼎新。畢業後，祖氏初任平漢鐵路實習生，後因其師劉鼎新擔任湘桂鐵路車務課課長之故，祖氏即跟隨劉老師，赴湘桂鐵路擔任站長、客貨稽查等職。1945 年中日戰爭結束後，祖氏曾任交通部東北特派員辦公處專員、錦州鐵路副處長等職。1949 年，祖氏隨中華民國政府遷臺後，其任職於臺灣鐵路管理局，並曾於成功大學兼課，教授「鐵道管理」等相關課程。祖氏編著的鐵道書籍有：《鐵路運價》、《運輸學》、《運輸學原理與實務》。祖立岑，〈悼恩師定公感言〉，《交大友聲》第 245 期（1974 年 12 月），頁 46-47；〈祖立岑〉，《軍事委員會委員長侍從室檔案》，國史館藏，典藏號：129-230000-0880。

3　陳清標補充，當時臺鐵有旅客課與貨物課，後來二者合併為營業課。

後我擔任嘉義站站長時，能在忙碌的工作之餘，專心完成《運輸學原理》[4]的編纂，即是因為有祖老師持續的支持與鼓勵。在實務方面，由於交管系與臺鐵有建教合作的交流，在學期的暑假間，我們會前往臺鐵進行觀摩。從課堂上的書本知識走進實際的工作現場，使我了解到，未來若進入臺鐵，確實是一份能學以致用的工作。

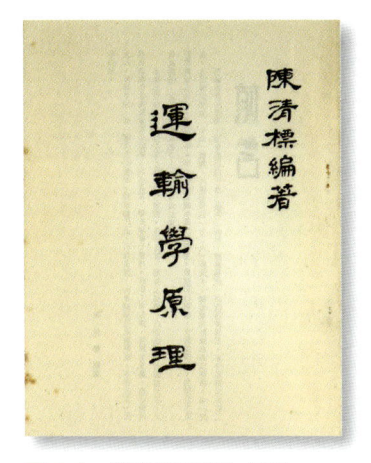

圖 4 ｜《運輸學原理》封面。
資料來源：陳清標捐贈。

進入臺鐵

1963 年，臺灣省經濟建設人員特種考試放榜，我的名字即在「交通管理科陸運組」榜單之內。細看名單的話，裡頭許多是我們交管系應屆的同班同學，像是在臺鐵實習結束後，轉換跑道赴美留學，返國後曾擔任臺大商學系系主任的陳定國；以及終身服務於臺鐵直至退休的徐達文、鄒錦松、宋明昌。1964 年 10 月，我進入臺鐵局，一開始須經歷一年的實習，由於我是本科系畢業，實習期間即以實習列車長的身分，跟隨有經驗的列車長見習。1965 年實習結束後，我隨即在臺北車班擔任正式的列車長。任職列車長一年多後，我主動向局內申請，希望能調至車站現場服務。會做出這個決定，也和

---

[4] 陳清標編，《運輸學原理》（嘉義：協同出版社，1978）。

我 1965 年結婚的人生轉變有關。我想,若是在車站服務,比起南北奔波的列車長,對家庭生活而言相對穩定。另個主要的原因,則是大學本科畢業的我,當時對於鐵路工作懷有許多想像,也對於自己往後在鐵路專業的實踐上,抱有更多的期許。除了跑車、查票之外,我希望能透過不同領域與職位的歷練,多看、多學、多做一點不同的事。

1966 年,我前往嘉義站擔任副站長一職,並配有宿舍。1970 年,我改調新營站擔任總務主任。當時新營站主要有兩個主任職,一個是貨物主任,主掌貨運業務;另一個是總務主任,主掌車站與旅客相關業務。1972 年,我調往斗六站擔任站長。1975 年,我在斗六站長任內通過臺鐵資位考試,從員級晉升高員級,成績是當屆的榜首。1976 年,我從斗六調往嘉義站擔任站長。身為站長,是不能在週末休假的,因為那是運務最繁忙的時段,所以我利用平日的休假時間,白天回母校成功大學交管系講學,[5] 晚上則在嘉義大同商專與吳鳳工專輪流兼課。

身為鐵路人的妻子是很辛苦的。像我的太太姜義,就一路隨著我鐵路職務的調動,換了一間又一間不同地區的學校任教。我擔任嘉義站站長時,太太在嘉義師專附屬國民小學教書。當時我們育有一兒兩女,一家人生活安穩且充實。我太太是臺南下營人,畢業於省立臺南師範學校。初識時,她任教於下營國小。因為我的出身是家境清苦的農民子弟,所以,當初思考結婚對象時,就暗自希望,未來的另一半能有個穩定的職業,這樣往後在家庭生活的經營上,

---

5　陳清標補充,回母校成大交管系講學的契機,是受到時任交管系的系主任翁茂城的邀請,翁氏於 1975-1979 年擔任交管系主任。

才不會太過辛苦。而我與太太的相識，真可謂「一波二折」。二折的由來，是因為我們分別透過了兩位不同的介紹人，並且在彼此全不知情的情況下，成就了這段感情。

頭一次相親，我未來的岳母聽聞我家位於新營的鄉下田庄，很捨不得自己最小的女兒嫁去吃苦，便直接拒絕了第一位介紹人；直到第二次才發現「怎麼又是同一個人？」或許是看在姻緣二次臨門的巧合緣份上吧，便不再拒絕了。而我首次與未來的太太見面時，頓覺熟悉，原來，我們早在糖鐵小火車上見過彼此了！我家是在新營糖廠學甲線的八老爺站，太太家則是位在下營站。平時搭乘小火車通勤的鄰里多半是熟面孔，自然會對車上其他乘客有些印象。

1980 年某天晚上，當時的我正在夜校上課，太太突然打電話到學校，說鐵路局的董萍局長要到嘉義站來，要我趕緊返家。我因覺有異，經多方求證後，才知道當時正值省議會的會期，[6] 故局長其實是請我到鐵路局的臺中招待所會面。好不容易，我總算趕上了最後一班從嘉義往臺北的自強號列車。車上的我，心中忐忑，深怕此次會面是因為自己過往職務上有所疏漏，將被檢討、懲處。但在會面過程中，只見局長親切與我話家常，內容多是關心個人家庭生活與近況。眼見會談即將結束，我卻對此次會面的主旨仍摸不著邊。最後，是經由主任秘書屠宗海[7]的說明，才知道局長決定調派我擔任臺

---

[6] 臺灣省議會位於今臺中市霧峰區，為市定古蹟。收錄於「臺中市文化資產處」：https://www.tchac.taichung.gov.tw/building?uid=33&pid=34（2022/12/15 點閱）

[7] 屠宗海，江蘇武進人，空軍機校畢業，曾任國防部處長、後勤助理次長等職務，1980 年擔任臺鐵局主任秘書。〈鐵路局主秘屠宗海到職〉，《新生報》，1980 年 4 月 24 日，收錄於〈屠宗海〉，《軍事委員會委員長侍從室檔案》，國史館藏，典藏號：129-260000-0941。

北站站長。

對於這個新的人事派令，老實說，我內心是憂慮大於喜悅的，一方面想到要離開本已十分嫻熟站務的嘉義站，調赴臺北站，必須肩負更大的工作責任；另方面也擔憂安居嘉義的家庭生活，包含對家中長輩的奉養、太太的學校工作，及兒女是否要跟著轉學等，也都將因我職務的調動，產生不小的變化。

臺北站站長任內

我個人想法上並無省籍之別，但在我之前，第一至七任的臺北站站長都是外省籍，我是第八任、也是第一任本省籍的臺北站站長。以往的臺北站站長，多須具備臺中站、高雄站的「特等站」經歷，所以，當自己從「頭等甲站」的嘉義站，被拔擢至「臺鐵第一站」的臺北站時，對於這樣的破格調動，我也深感意外。[8]

在接獲新的人事派令前，我與董萍局長僅見過一次面。那時局長剛上任，旋即在位於北投的員工訓練中心舉辦三天兩夜的幹部研討座談會。除局內各級主管外，包括頭等站以上站長、段長也須出席。局長利用夜晚時間，輪流和每位同仁進行簡短的單獨面談。時任嘉義站站長的我，也是眾多同仁之一，僅與局長匆匆一面之緣。這次的碰面，據說局長對我留下了不錯的印象。儘管得知局長的背

---

8 按，或可能與蔣經國於 1972-1978 年擔任行政院長期間，主導啟用本省籍「青年才俊」政策有其延續性的影響。若林正丈著；洪郁如等譯，《戰後臺灣政治史：中華民國臺灣化的歷程》（臺北市：國立臺灣大學出版中心，2016），頁 146-147。

景是由軍方轉調，但我對局長的第一印象，卻是嚴肅中帶有真誠。彼此初次見面的對談內容主要是家常瑣事的關懷，頗為溫馨，並感受到他性格上的堅毅與果斷，覺得他具備了好長官的特質。

知道自己即將調往臺北站，時任成大交管系的系主任唐富藏教授[9]還特地詢問我，有沒有時間能繼續在成大兼課？但我深知自己的性格，既然決定接受這份新職，一定兢兢業業面對挑戰，不辜負局長的期許，好好做出些成績來，便毅然回絕唐主任的好意，開始了我單身赴任、「以站為家」的臺北站站長生涯。因尚未有宿舍可住，故約莫半年的時間，我隻身一人夜宿車站的貴賓室。對於處理站務事宜來說，其實頗方便的。

在長官與諸多同仁的支持努力下，我在臺北站站長任內進行一系列的更新，從明顯可見的站內硬體建設，到員工服務態度的提升，以及增添臺北站的人文特色等。這些新的想法，自然不會憑空而生，要透過長時間觀察旅客的需求，才能在旅客的不便與問題中，積累出有效且具體的改善方針。而我先前在各站服務的站務經驗，也都成為我改善臺北站時，很重要的參考依據。

我擔任嘉義站站長時，曾經發生一件印象深刻、關於旅客服務的真實事件。當時，有位老翁怒氣沖沖地跑來站長室找我，一見面就指著我問：「站長你看看，我有沒有長眼睛？」面對這突如其來的問題，我便順著他的話說：「有啊，您當然有眼睛，而且還很漂亮呢！」老翁繼續生氣地說：「為什麼賣票窗口的同仁，會罵我沒

---

[9] 唐富藏於 1979-1982 年擔任成大交管系主任。

圖 5 ｜ 1981 年 2 月 3 日，總統蔣經國蒞臨臺北車站，慰問返鄉度節旅客。總統身旁戴帽者，為臺北站站長陳清標。資料來源：〈蔣經國行誼選輯—民國七十年（三）〉，《蔣經國總統文物》，國史館藏，數位典藏號：005-030207-00007-001。

圖 6 ｜ 1981 年 2 月 4 日，行政院院長孫運璿赴臺北火車站聽取臺鐵局局長董萍關於春節輸運的簡報。前排左起第一位戴帽者，為臺北站站長陳清標；左起第二位為行政院院長孫運璿；左起第三位為鐵路局局長董萍。資料來源：陳清標提供。

長眼睛？」

原來，當時的嘉義站售票窗口分為兩邊，各貼有「上行」、「下行」字樣，但因為這位老翁並不識字，所以才會排到錯誤的窗口，不僅被同仁兇了一頓，同仁還將手穿過櫃檯，向上比著字，罵他沒長眼睛。氣不過的他，自然是跑來找站長理論了。

經過這起事件，我開始在嘉義站推行改革：將同仁名字立於票務櫃檯的窗口前。推行初期，這一改革遭遇站內人員的強力反彈。我說服同仁，若有了名牌後，同仁親切的服務不僅能獲得民眾「實名」的肯定，也可以作為年終考核的依據；另方面，若被民眾投訴態度不佳，對於清白的同仁也能起到保護的作用。而這份處理客訴的經驗，自此一路隨著我，從嘉義站帶到了臺北站。

1980-1982 年，我擔任臺北站站長時，進行多項的改變措施，主要有：

（一）新設臺北站硬體設備

在候車大廳裝設箱型冷氣，以及安裝位於第一月臺通往天橋的電扶梯等，都是臺鐵車站首次引進現代化機電設備的服務指標。以新設電扶梯來說，當時第一月臺是停靠南下列車；第二月臺是往北迴線的東部各級列車，因此觀光客不僅多，提拿的行李更多。看到年長者吃力攀爬天橋階梯時，著實使人不忍。但自從加設電扶梯後，見到旅客舒適往來，我內心也很踏實。

另外，我於 1981 年底赴日考察，觀察到日本車站剪收票閘門的高度比當時的臺灣還低，我認為這可以效法，回國後便著手策畫、

進行改善：將原本木製閘門更換成不銹鋼材質，並降低閘門高度。我想，當初的考量或許是怕旅客躍身逃票吧，但隨著社會經濟水準的提高，此擔憂似乎不成問題；且降低閘門高度，能使旅客的通行感受不致於如此壓迫。以上這些由臺北站開風氣之先的改善措施，無論是冷氣機還是電扶梯，都是我在車站觀察旅客需求後，以同理心出發所提出的解決方案。

（二）同仁服務品質的提升

從改善播音服務與票務流程、到新增過年加班車的購票寄售點，以及為解決逢年過節一票難求、插隊無序的現象，首創「發號碼卡」等改革舉措，都是為了展現臺鐵留住旅客的最大誠意。例如，在購票流程上，若從臺北到高雄的莒光號車票賣完了，以往售票窗口的同仁只會單方面告知旅客「票已售罄」的事實，較顯冷漠。但我會建議同仁，可以主動和旅客產生雙向的互動，比如說，若是臺北到臺南的票已售罄，但到彰化站仍有位子的話，可進一步詢問旅客：這班車的座位僅到彰化站，您可於車上再補票至臺南，好嗎？從同理心的角度出發，多加幾句問候的話，不光是能增加票務營收，也會讓買不到票的旅客，少些焦慮與怒氣，多些體貼與溫馨；另方面，對於同仁而言，若票賣得好，自然也增加工作的成就感。身為站長的我，逢年過節的票務高峰期，幾乎都親自站在第一線的售票窗口後臺，協助同仁抽票、劃位等作業。透過親自參與，也能直接帶動同仁的服務士氣。

在改善播音的部分，播音小姐除須具備基本的口齒清晰、使旅

客清楚掌握乘車資訊外，若能使急切的旅客聽到柔和的聲調與親切的禮節，也能讓服務的細緻感受傳達進旅客的心底。當時我曾將蔣鳳舞[10]、黃慧瑛兩位小姐調往擔任播音的職務，我認為她倆具備這份天賦，性格上也善於接納他人意見。

（三）臺北站人文特色的營造

我認為企業形象的建立，除了硬體設備的提升外，如何營造具人文特色且舒適宜人的空間氛圍，帶給旅客美感體驗也很重要。有了這樣的想法，我便去向局長表達此構想，局長亦有同感，即邀請書法家董陽孜[11]揮毫，書寫《禮記》〈禮運大同〉篇，並以大理石雕刻，新設在臺北站內旅客穿梭最繁忙的第一月臺候車走廊。

為了讓臺北站的旅客一進入大廳就有煥然一新的感受，我在局內會報上提議，可重新粉刷大廳。當時在會議上最先附議的，是在場唯一的女性主管——會計處長沈如京。她的審美在後續臺北車站大廳改善工程的挑色上，提供了不少意見，例如將臺北站內原本沉

---

10 蔣鳳舞（1956-），高雄出生，19 歲時考上臺鐵餐旅服務總所第 28 期隨車服務員，中間一度因為家中做生意需要人手幫忙而離開。1979 年底，因臺鐵前同事通知臺北車站在招考播音員，故北上應考，並於 1980 年初錄取。蔣氏回憶此次播音招考的過程，談道：「那時臺北站的播音員年紀較大，且沒有特別的訓練，所以引起不少旅客投書詬病，所以臺鐵當時就想，臺北站既是門面，就得將播音水準提高，於是開始招考。」國家鐵道博物館籌備處 108 年度「臺灣鐵道產業女性員工影音資料蒐集計畫」訪談稿（2020/5/7）

11 董陽孜（1942-），上海出生，10 歲隨家人來到臺灣。1966 年國立臺灣師範大學美術系畢業，1970 年取得美國麻州大學藝術碩士。返臺後，結合西洋繪畫理論，以書法線條作為重要創作元素，擅長巨幅草書創作，筆力雄渾奔放。收錄於「國立臺灣美術館」：https://ntmofa-collections.ntmofa.gov.tw/AuthorData.aspx?AID=M4MGMQMD；「董陽孜官方網站」：https://tongyangtze.com/about（2023/3/20 點閱）

168　他們的鐵道時代

圖7｜1982年落成於臺北車站第一月臺的董陽孜書法作品。資料來源：陳清標提供。

重土灰的牆壁，一改為亮麗的奶油色。

　　以上種種改善措施，都是希望將企業化經營的概念，逐步導入臺北站，並以臺北站出發，進而帶動臺鐵整體企業形象的提升。因為有拔擢我的董萍局長的信任，讓我盡己所能，在增加鐵路營收與旅客滿意度上，進行各種新的嘗試。臺北站在我任職期間，營收上也屢創佳績，這也算是旅客肯定我們改革服務的證明。

　　另一個對我人生很重要的轉捩點，即在擔任臺北站長時期，因緣際會下，接觸、認識了慈濟，並於41歲時成為證嚴法師的弟子。1980年，花蓮慈濟綜合醫院正在籌建，亟需社會大德發揮愛心善念的護持。故當時前往花蓮聆聽證嚴法師開示講經的大眾綿延不歇，

但卻在交通上產生了問題。因為北迴線剛通車，大多數前往東部旅遊的觀光客，其交通需求都湧向鐵路，導致前往花蓮的車票一票難求，當中就容易產生販售黃牛票的不法現象。因我理解售予慈濟的票不致有異，故允諾協助。

從一開始的加掛車廂，而後隨著1986年慈濟綜合醫院的創立、1989年慈濟護理專科學校[12]的創立，也帶動了座位需求量的增加。於此，我協助申請以「慈濟專列」的形式提供乘車服務，在不影響正常列車行駛以及旅客購票權益的前提下，「慈濟專列」最終順利成行。當時「專列」的收費方式，無論車內是否滿座，一概以實際車廂的座位數來計費，所以能清楚掌握固定數額的票源。但若乘客超出座位數，則需按人頭加收車票，所以說「專列」的開行，對臺鐵而言，可說是收入穩定，無虛靡之慮。[13]「慈濟專列」的合作，無論對於慈濟志業的推動，以及臺鐵的票務營收來說，都是雙贏的局面。

餐旅總所任內

1982年10月，我從臺北站長一職，改調任餐旅服務總所（以下簡稱餐旅）。這個人事派令就和我當初從嘉義調赴臺北站一樣，來

---

[12] 現為慈濟科技大學，預計2024年8月與慈濟大學合校。收錄於「慈濟大學與慈濟科技大學合校專區」：https://www.tcu.edu.tw/?page_id=24833（2024/5/29點閱）

[13] 據陳清標補充，印象中，早期申請「專列」的還有大同公司，為讓員工春節返鄉便利，專列從臺北出發，公司會依員工下車的數量多寡指定停靠站，而車票一律以臺北到高雄計價。

得突然。在 1982 年的某天午休，我用餐完畢後，正準備回到站長室，同仁急忙跑來告知，剛才局長秘書撥了很多通電話來找，請我即刻到局長室。會面時局長開頭先稱讚我擔任臺北站站長期間績效卓著，他很滿意。緊接著他問我一句：「你對於餐旅，有什麼看法沒有？」我回覆道：「車站業務其實和餐旅一樣，都是直接面對與服務客人。」局長接著說：「那你曉得，我們局被民意代表、旅客指責批評最多的，是哪一個單位？就是餐旅！」所以局長希望，我能夠去餐旅赴任，好好對組織業務進行改善與整頓。可以說，無論是將我調任臺北站站長或是餐旅，都是局長早已胸有成竹的決定。儘管消息來得意外，但我仍抱持願意接受挑戰的樂觀心情面對。況且在職務上算是升等，因為臺北站站長是屬於副段長級，而餐旅的車勤部經理則是屬於段長級。

故我從車站業務改調任餐旅後，一路從車勤部經理、業務課長、協理，乃至總經理。在這段積累的經驗中，我在思考上最大的改變是對於車站整體營運空間規劃構想的調整。以前擔任站長時，自然喜歡車站整體空間感整齊寬敞；但自從改接任虧本的餐旅事業後，如何想盡辦法在車站內「開拓新財源」，創造獲利，就成為我責無旁貸的工作。

1995 年，我擔任餐旅總經理後，首件做的突破性嘗試是，於 2000 年將臺鐵 30 個車站候車室，共 36 個販賣部進行委外經營的公開招標，在「最有利標」[14] 的條件下，最後是由統一超商得標。這項

---

14 「最有利標」，意指由租金開價最高者得標，取得經營權。

舉措為臺鐵增添不少獲利，全年所有販賣部總計的「包底抽成」[15]，就替臺鐵賺進一億多元。之後，局內針對統一超商得標後的服務，進行旅客滿意度調查，也深獲好評。與局內其他單位協調車站空間委外經營的過程中，我也同理理解，以車站運務的本業來思考時，自然對於超商進駐後，可能會引發的現象提出疑慮。像是以臺北車站為例，東、西、南、北四個站點的角落空間，若聚集購買人潮時，是否會造成候車大廳更顯擁擠？以及在動線上，是否會阻礙原本購票與乘車的旅客？但對我而言，面對虧本的事業，創造盈餘是我身為總經理的首要目標。

面對餐旅事業的經營，我主要有兩大原則：其一，若要開發副業，儘量不要自營，委外經營較能掌握穩定的收入，且不必為人事問題煩惱。其二，是我觀習日本鐵路營運後最大的感想：鐵路服務本業與副業得同時並進，才能拉抬彼此互補的關係，創造更有效的營收成長。

在開發副業上，便當是我多次嘗試創新的營業項目，因為便當是旅客對於臺鐵回憶裡很重要的代表。從一開始在月臺叫賣的便當小販，到後來由臺鐵提供列車上的便當服務，以及現在站內門市的便當銷售，臺鐵便當事業的發展，在不同的時期也呈現出不同的特色。

戰後初期，在臺灣各站的月臺與列車上，普遍存在小販兜售便當的現象。但此現象不只在營收上和餐旅的本業有所衝突，且小販

---

[15]「包底抽成」，「包底」意指得標廠商每月保證的營業額，臺鐵抽成 12%。

強行販售、搶客等行為，也對乘車秩序造成影響，所以常被旅客投訴，有損路譽。因此，後來便當販售一律改由臺鐵自營，或是委外經營。我印象較為深刻的，是以前宜蘭段的小販特別多、也特別勤於販售，常令負責取締的鐵路警察或勸阻的站務人員十分頭疼。宜蘭段的小販之間，甚至有「分段服務」的「默契」（不同站由不同的小販經營），也會靈活調整「販售據點」，有時在月臺販售，若看見執勤人員想靠近勸阻，便趕緊伴裝乘客跳上列車，繼續叫賣，以規避檢查。我推測，之所以產生這樣積極叫賣的地方特性，可能與宜蘭段上的福隆海水浴場有關。福隆海水浴場曾是由臺鐵餐旅經營的熱門觀光勝地。[16]

我擔任餐旅總經理時，對便當創新思考的關鍵是「與時俱進」，以此適應社會在經濟快速發展後的消費需求，與旅客求新嚐鮮的消費心理。例如，當時臺北有幾間飯館的上海菜飯頗為知名，像是臺北車站前的銀翼餐廳、中山堂附近的山西餐廳。於是我請餐旅的廚師去知名飯館交流廚藝後，回來自己做，推出屬於臺鐵的上海菜飯，讓臺鐵的便當在白飯之外，旅客可有新的選擇。另外，由於搭飛機對當時的人而言，是高級旅行的代名詞，我試想，或許能讓搭火車的旅客，也品嚐到和飛機餐同樣具高級象徵的餐飲品質，所以也曾和華航空廚合作推出鐵路便當，旅客的反應也很捧場。

一連串的便當創新規劃，除了要跟上時代的腳步，也要從臺鐵自身傳統開創出新的可能。於是我們曾於千禧年首次推出限量的「鐵

---

[16] 臺鐵經營福隆海水浴場的時期為 1959-1989 年。溫文佑，〈戰後臺灣鐵路史之研究：以莫衡擔任鐵路局長時期為例（1949-1961）〉，頁 155-157。

路懷舊便當」，一開始限量一千份，立刻造成搶購旋風，隨即售罄。眼看排隊人潮仍十分踴躍，我們只好趕緊發放號碼牌追加登記，並協調承諾後續將以「分期交付」的方式提供，才使得現場空手而歸的消費者滿意。這次行銷的成功鼓舞了我，在兼顧懷舊與創新的可能上，找到鐵路副業發展的新商機；在求新求變之餘，也要以臺鐵自身的文化記憶為核心，將便當商品作為臺鐵的行銷主力。

此次便當搶購風潮，甚至引起日本《朝日新聞》報導，後來日本京王百貨的總經理專程來電，力邀我們參與由京王百貨舉辦的全國鐵道便當大賽（元祖有名駅弁と全国うまいもの大会）。京王的總經理特地從日本帶領兩位廚師來臺學藝（其中一位廚師還是臺灣人），以示誠意。2003 年，由臺鐵協助、在日本當地製作的「臺灣鐵路懷舊便當」首次參與了京王百貨舉辦的全國鐵道便當大賽。[17] 開賣當天，百貨公司的大門一開，就有客人衝進來喊：「臺灣便當，臺灣便當在哪？」短時間內，當日準備的便當即全數售罄。接下來連續五天，眼見購買臺灣便當的人潮絡繹不絕，京王百貨甚至為此調整銷售策略，將臺灣便當列為主打商品。其實原先的規劃，臺灣便當的攤位是位在較不起眼的位置，但引起風潮之後，京王百貨也趕緊加上明顯的指標引導。由此可見臺灣便當的特殊魅力，成功擄獲日本消費者。

綜合來談，我希望呈現的懷舊便當，不只是做到餐盒外觀的復

---

[17] 京王百貨官網提及，臺灣曾參與了 2003、2004、2016 年的便當活動。收錄於「京王百貨店：駅弁大會」：https://www.keionet.com/corp/effort/ekiben/feature_origin.html（2023/3/21 點閱）

圖 8、9 | 2003 年，臺鐵首次參與日本京王百貨舉辦的全國鐵道便當大賽。圖 8 右起第二位、圖 9 右起第三位著西裝、戴眼鏡者，為臺鐵餐旅總經理陳清標。資料來源：陳清標提供。

刻，餐盒內的菜色口味，也要一併做到位。以菜色來說，排骨菜飯仍是民眾普遍的記憶滋味，為了儘量重現過往的口味，我特地邀請經驗豐富的退休老師傅回來，像是鍾火坤先生。一方面是為了遵循古法製作，藉以達到技術的傳承；另方面，也藉此讓老師傅找回過往執業時期的光榮感。

由於和慈濟接觸的因緣，使我開始構思並推出「素食便當」。大約是在1998年，我們與位於基隆路一段的歡喜堂餐館合作，將「素食便當」的業務委其經營。若由臺鐵自營的話，容易受限於既有人力的專業與食材供應的限制，無法靈活更換菜色與口味。為符合旅客喜好變化的飲食需求，在開拓新產品「素食便當」時，先和「有品牌、品質好」的廠商合作，以試探市場反應。這對於臺鐵的營運成本而言，是較為有利且低風險的經營模式。自從「素食便當」推出後，我們也收到許多茹素客人來信的鼓勵、感謝與支持。

除了設法於餐旅的既有事業上求新求變、向外洽談異業合作的開源之外，我也必須正視或調整「經營不善」的營業項目的虧損問題，像是鐵路餐車與鐵路餐廳門市的經營。

臺鐵在列車上的餐飲服務其實不只有便當，還有餐車。1960年代，臺鐵的觀光號列車就有加掛餐車。餐車的車廂布置仿照西餐廳的氛圍，車內並設有廚房，供應的菜色則有牛排、龍蝦等，在當時，這樣的餐點和用餐環境可說是相當高級。因為觀光號是1970年莒光號推出前，票價最高的車種，搭乘者多是商務人士、官員政要與外籍觀光客，所以提供的餐飲服務水準也相對奢華。

隨著臺灣交通工具選擇的多樣化，商務人士也有了其他更為便

圖 10 ｜ 1960 年代，臺鐵觀光號的餐車照。資料來源：臺鐵局提供。

捷的選項；加上旅客消費模式的改變、乘車時間的縮短，以及臺鐵自身的營運考量下，[18] 從觀光號到莒光號，宛如「移動餐廳」般高級的餐車服務，最終仍擋不住連番虧損，不得不轉型，以因應時代與環境的變遷。

因此，臺鐵於 1985 年推出新型的自助餐式速簡餐車，空間規劃上，設有吧檯，沿車窗設置高腳椅，使旅客能飽覽沿途景色。餐車上提供咖哩雞、筒仔米糕、叉燒、白菜滷、布丁等，平價又能快

---

[18] 陳清標補充，在自助餐式的速簡餐車推出之前，餐車上的餐點，都是由車上廚師現點現煮、新鮮供應。但光是處理沒售出的食材報廢、專業廚師的人力培養與進修等，加總上述耗費的成本開支，對於臺鐵的餐車自營而言，其實無法達到收支平衡。

速供餐的餐點，深獲旅客喜愛。除了餐飲風格的調整外，臺鐵也試圖將原本自營的餐車委外經營，以此降低食材與人力的成本開支。例如：將餐車的餐點一律委外供貨，並與供應商簽訂以「實際銷售總額」結帳的契約，如此一來，臺鐵即無需承擔未售完商品的損失風險。2002 年左右，臺鐵曾將自強號速簡餐車的業務全權委標予新東陽經營，但經營數個月後，業者虧損頗鉅，又恰好適逢 2003 年 SARS 疫情，只好與業者解約停業。由此可見，無論如何轉型，餐車經營始終是一筆龐大的開支。所以後來餐車的使用，就改以加掛於團體旅客的觀光列車為主。畢竟，和費心經營餐車相比，若將餐車改為客車車廂，對臺鐵而言，既可充足票源，又能確保營收，穩賺不賠。

　　關於鐵路餐廳門市經營的興衰，也是時代與環境變遷下必然的結果。鐵路餐廳的門市，從民眾記憶中的約會勝地到結束營業的過程，反映了臺鐵在副業經營上，若不與時俱進，就得面臨被市場淘汰的現實。

　　1980 年代以前是鐵路餐廳門市的全盛期。當時臺北車站附近能選擇的消費餐飲空間不多。與車站為鄰的鐵路餐廳門市，因地點便利，加上餐飲的選擇多樣，有提供咖啡小點、新鮮水果、簡餐、合菜等，不只候車旅客會前來消費，也是各方人士約會地點的好選擇。鼎盛時期的鐵路餐廳門市，計有基隆、臺北、臺中、彰化、嘉義、臺南、高雄等。早期的餐廳門市，部分主廚為戰後來臺的外省籍老師傅，隨主廚擅長的菜系不同，餐廳各自發展出不同風格的獨門料理，讓饕客一吃上癮、難以忘懷。我印象深刻的，像是嘉義鐵路餐

圖11 ｜ 自上而下依序為：臺北、嘉義與高雄鐵路餐廳門市一景。
資料來源：《臺灣鐵路》宣傳手冊。徐鴻源提供。

廳的燻魚和糖醋排骨，非常可口。臺北鐵路餐廳則是雪菜百頁、上海菜飯等江浙口味，都是深獲民眾喜愛的招牌料理。

隨著1980年代社會經濟的起飛，媲美鐵路餐廳門市的用餐空間大量出現，使鐵路餐廳一枝獨秀的盛況不再。且受限於成本，無法開展出具特色的餐飲風格來吸引人潮。經營上的限制還包括人力成本，由於餐廳提供廚師的薪水相對低於市場行情，自然找不到好的人才。對餐廳而言，菜色最重要的靈魂就是廚師，但隨著時代演變，消費口味的多元化、老師傅退休與傳承斷層等問題，使餐廳門市既不能開創出獨樹一格的料理風格，又無法大張旗鼓更新裝潢、提供新穎用餐空間的話，顧客自然被車站附近林立或更平價的餐廳給吸引走了。若沒了人潮，對鐵路餐廳而言，能開創餐飲特色的籌碼自然更低了，這也是在不斷翻新的時代裡，預想可見的事。

在營運漸趨困難的現實考量，加上為配合部分車站站體更新規劃的調整，以及不同地方政府公共建設的需求，鐵路餐廳門市遂一一走向歇業。像是1999年，臺中鐵路餐廳門市為配合車站整修而取消，並改為販賣臺形式自營；高雄鐵路餐廳門市則是因為車站搬遷及鐵路地下化工程，於2002年停止營業，而後我們將高雄臨時站原本規劃給餐旅經營的空間，委外出租予麥當勞經營；臺北鐵路餐廳門市則是配合高鐵建設的空間需求，於2004年停止營業。但事實上，鐵路餐廳只是轉型，並沒有真正消失，不再經營門市生意的鐵路餐廳，仍繼續製作與研發不同款式的便當，供應車站內的販賣臺與列車上銷售，繼續以用心的食物服務旅客。

視客如親的臺鐵人生

我在臺鐵服務 41 年的歲月裡，職務內容從運務單位調到餐旅總所。雖說都是服務旅客，但承擔的職務不同，服務的層面也不盡相同。從對內的領導到對外應對，面對不同的人、事、物，如何從不同職務的考驗與挫折中，提煉出業務發展的創新與突破，是我在臺鐵服務生涯裡邊做邊學，感受最深的地方。

以運務的車站業務來說，行車平安自然是第一要務；在車站人員管理上，相對餐旅較為單純，成員大多是站內員工，工作內容也較固定，像是票務販售與日常性庶務。售票櫃檯與旅客相處的時間，比起長途列車也相對短暫，被旅客批評或客訴的機會，自然比餐旅來得少。以我在 1980-1982 年擔任臺北站站長的經驗，若想大幅更新站內硬體設施，因為會涉及局內多個單位，難免有不同聲音，甚至是阻礙的意見。但面對困難，我皆抱持不屈不撓的態度，向相關單位詳細解說，以取得共識，也讓各單位了解，各項改善均是以旅客服務與臺鐵社會形象為前提。所以，同仁最終都能同理支持，圓滿配合業務的推動。

至於餐旅，人的管理可說是最棘手的問題。餐旅業務面向多元，有餐廳門市、車勤服務人員，以及各式的供貨商等。從服務品質到飲食安全，每個環節都需要替旅客做最嚴格的把關。尤其食材的進貨與招標，難免有人情的困擾，但我皆以開誠布公的團隊合作來凝聚共識，使創新的業務在同仁的齊心下得以順利推行。另外，客籍員工比例高，也是臺鐵的特色之一，雖因語言上方言互異，但客籍

員工的特質是團結力強，為了能融入員工，也激勵我在語言應對上多學多看。

　　對我而言，人的本性終歸是良善的，相處的好壞，是阻力或助力，也端看領導者的風格。感恩、尊重、不比較、不計較，皆是我待人以誠的領導守則。以身為主管的實際經驗來談，我講求的是以鼓勵代替懲戒，以正向的方式激勵同仁在工作上維持良好的態度與品質。「誠」與「情」是我很看重的員工特質。在服務態度上，我總是積極的勸勉同仁，能夠以「視客如親」的心態面對服務現場的困難與挑戰。這樣慈悲柔軟的心，其實與我接觸慈濟、深受其影響亦有很大的關係。總的來說，鐵路工作對我而言是很歡喜的事，不只讓我在前半生獲得能將專業知識學以致用的發揮舞臺，也在因緣匯聚下，使我與慈濟結緣，開啟了我下半生豐富精采的人生新方向。

陳清標先生大事年表

1940 年	生於臺南新營。
1963 年	畢業於第 5 屆成功大學交通管理學系,同年錄取臺灣省經濟建設人員特種考試「交通管理科陸運組」。
1964 年	進入臺鐵局運務處服務。
1965 年	與姜義女士結婚。
1966 年	就任嘉義站副站長。
1970 年	就任新營站總務主任。
1972 年	就任斗六站站長。
1976 年	就任嘉義站站長。
1980 年	就任臺北站站長。
1982 年	服務於餐旅服務總所,曾擔任車勤部經理、協理。
1993 年	擔任餐旅服務總所總經理。
2005 年	退休。

Chapter
6

臺北車站風雲錄

鄒錦松先生訪問紀錄

圖 1 │ 1988 年臺北站站長鄒錦松正在介紹自動售票機的使用方式。
資料來源：鄒錦松提供。

時　　間	2022/8/17、2022/11/18、2023/2/14、2023/3/8、2023/5/24、2023/6/19
地　　點	臺北車站貴賓室、臺鐵局文資科辦公室、鄒錦松宅
使用語言	國語、臺語
訪　　談	曾令毅、嵇國鳳
紀　　錄	嵇國鳳、林裘雅
受訪者簡介	鄒錦松（1941-），臺北萬里人。1959年就讀成功大學交通管理學系，1963年錄取臺灣省經濟建設人員特種考試「交通管理科陸運組」，隔年10月5日進入臺鐵。歷任實習生、列車長、基隆站副站長、臺北車班管理員、華山站貨物主任、板橋站站長、營業處主任課員、臺鐵工會主任秘書、臺北站站長、運務處專員、臺北運務段副段長及段長、運務處副處長、勞安室主任、貨運服務總所總經理兼產管處處長、運務處處長等職，並於2006年7月15日退休。鄒處長豐富的運務經驗，橫跨客、貨運；於臺北站站長任內，親身參與了臺北鐵路地下化及北淡線列車停駛，並遭遇到臺灣鐵路史上首次「五一勞動節」鐵路司機員罷工事件。

求學歷程

　　1941 年我出生於臺北萬里溪底村，家族世代以務農為業，父親 50 歲時改經營碾米廠。我是家中長子，分別有四個弟弟和四個妹妹。1947 年，我就讀大坪國民學校，每天要走一個多小時的山路上學，所謂住「附近」的鄰居，彼此間也要走十幾分鐘或更久的路才能抵達對方家。我國小畢業後，考上汐止初中，因為路程實在太遠了，就借住在汐止當地親戚家。從我家出發要走將近 4 公里，才能抵達公路局的站牌，坐到基隆火車站後，再改搭火車轉往汐止。3 年後，我考上北部略有名氣的好高中──省立基隆中學，該校除了注重「德智體群」的教育目標外，也要求學生鍛鍊身體、關心輔導學生生活。

　　1959 年，我幸運考上成功大學交通管理學系。剛上大學時，我每天從租屋處走路 15 分鐘才能到學校，升大二開學前，我到萬華自行車二手市場買了一輛中古腳踏車，還記得價錢是 250 元。接著，我騎著剛買的腳踏車到萬華火車站託運。當時我對於託運毫無了解，車站員工就問我：「你想寄快的，還是慢的？」我回問：「快慢要怎麼分呢？」原來，所謂的快，是用旅客列車載運，以「行包」（行李包裹的簡稱）方式託運，可以和旅客同時抵達，收費上，一件腳踏車的運費，跟一位旅客的票價幾乎是一樣的。所謂慢，是以貨物列車運送，會晚兩、三天抵達，旅客得再跑一趟車站才能取貨，價格相對便宜。這是我第一次辦理鐵路託運的經驗，覺得車站人員服務親切，所以對臺鐵印象不錯。

　　以前說我讀交管系，大家都以為我們是在學操控紅綠燈、疏道

汽車通行、維護行車安全。但當時智慧型運輸系統不像現在這麼普及，大多數操作基礎設施的技術，是需要經驗的傳授與累積。大二以前，我們主要學基礎概論的課程，要等到大三才分組選課。當時交管系分成「陸運」、「航運」與「電信」三組。我們系的兼課老師大多來自交通部電信局、公路局、臺鐵局，以及航運界的現職人員。像是當時擔任臺鐵局運務處長的陳樹曦[1]，就是教我們大二運輸學原理的老師。由於局內工作繁忙，陳老師只能隔週上課，一次上滿4小時。但陳老師有中國鐵路的豐富經驗，口才又好，與學生相處親切愉快，所以我1966年結婚時，即恭請陳老師擔任證婚人，當時陳老師已升任臺鐵副局長。

　　大三要分組選課時，由於電信機關待遇相對好，所以本省人多喜歡選電信組。我等到大三時才突然發現，怎麼沒有電信組的課？原來，電信機關在前幾屆已招募滿額，眼下我僅剩陸運與航運兩組可選。最終我選擇陸運組，而這項決定，其實和系主任劉鼎新教授有關。劉教授是美國賓州大學碩士，回到中國後，曾任教於大學，也服務過鐵路相關單位。印象中的劉教授性格較為嚴肅。劉教授常說，學習鐵路專業不僅能學以致用，而且是能替國家謀發展、為人民服務的單位，所以我選擇了陸運組，也希望畢業後能成為一位服

1　陳樹曦（1911-2012），字臥北，四川富順人，1934年自交通大學鐵路管理系畢業後，進入鐵路界服務，從實習生做起，經歷副站長、站長、列車稽查等職，1946年擔任京滬鐵路副處長兼上海總站長。1948年奉令來臺接收臺鐵，歷任運務處長、副局長、局長，1972年任臺灣省交通處處長，1978年交通部長林金生延攬其擔任交通部政務次長，直至1984年退休。陳運璞、劉庠、聖馬刁，〈十大建設功臣陳樹曦睡夢中過世〉，《交大友聲》第450期（2012年2月），頁67-68。另可參閱〈陳樹曦（陳臥北）〉，《軍事委員會委員長侍從室檔案》，國史館藏，典藏號：129-220000-4153，頁1-25。

務社會的優秀鐵路從業人員。

1963年畢業後，我隨即赴陸軍運輸學校，接受為期12週的運輸兵科專業訓練，而後派至新竹湖口陸軍裝甲兵第一師補給連代理排長。受訓期間，我參加臺灣省經濟建設甲級人員特種考試，獲交通管理科路運組優等的錄取。有了這張門票，便開啟我接下來在臺鐵服務42年的職涯。

進入臺鐵

1964年7月13日我預官退伍後，於同年10月5日，由省府分發到臺鐵服務，先在運務處和相關單位擔任一年期的實習生。我在成大的同班同學中，有11人同時進入臺鐵實習，我們分成兩組，一組五人、一組六人。因為是本科系畢業的關係，所以我們不用前往臺鐵員工訓練中心[2]修習鐵路職前訓練的相關課程。

實習的一年內，我們約有半年的時間是待在火車上，擔任客、貨車的車長工作，尤其是貨車，那真的很辛苦啊！若是擔任旅客列車的車長，只需要提早40分鐘上班整備，但若是擔任貨物列車的車長，得提早1小時報到。貨物列車不像旅客列車是停在月臺，我們得走在布滿道碴[3]的軌道上，逐一確認貨車裝載情形，像是車門的「鉛

---

[2] 此處所指稱的是戰後臺鐵位於北投的員工員訓中心，該校區已於2022年10月13日辦理第475次局務會報後結束營運。秘書處賴緯駿，〈完美結訓、華麗轉身！第475次局務會報在「北投員訓中心」〉，《臺鐵通訊》第959期（2022年11月），頁15-16。

[3] 道碴是鐵路運輸系統中，承托軌道枕木的碎石。在鋪設路軌之前，先在路基鋪上一層碎石，並加以壓實，再鋪上枕木及路軌。收錄於「行政院公共工程委員會」：https://www.pcc.gov.

封」[4] 是否夾妥、貨車兩側是否掛好「插牌」[5] 等整備工作。

以生活作息來說，跑貨車也是一大挑戰。由於貨物列車在整備上較耗時，為避免影響旅客列車的通行，貨物列車大多在夜間行駛。我擔任貨物列車實習車長時，最晚在深夜11、12點才上班，準備開始長夜漫漫的貨運旅程。印象深刻的是，在深夜載運煤炭的貨車上，為了驅趕蚊蟲，雙手沾滿煤灰都不曉得，就逕自往身上、臉上胡亂拍打，直到天亮抵達值乘[6] 終點站時，車上僅有的兩人（正式車長與我這個實習車長）才看到彼此漆黑的臉，忍不住相視而笑。

儘管辛苦，但當領到第一個月薪水時，這才發現，怎麼只有薄薄幾張啊！一共才七百多元？待遇比當時的郵政、電信單位少很多。所以實習一結束，有五位同學離職、或出國深造，或為高薪轉換跑道，像是去怡和洋行等外商公司上班。過了兩、三年後，又有兩位離職，當初一起實習的11位同班同學，最後真正在臺鐵留下來、並且待到退休的，只有曾任臺鐵局局長的徐達文先生、曾任餐旅服務總所總經理的陳清標先生（他也是本省籍第一任臺北站站長）、曾任勞安室主任的宋明昌先生，以及我一共四位。

1960年代，臺灣鐵路職工裡，大專生才占8%，新進的大學生不多，國民黨鐵路黨部（以下簡稱黨部）會請人事室提供新進人員名

---

tw/cp.aspx?n=2A21BF7EBFA32789（2023/6/21 點閱）

4　鉛封，指封存貨物集裝箱上，由特定人員施加之類似鎖扣的設備。

5　貨車的「插牌」會標誌出貨車的噸數、發站、到站的地點、貨名與受貨人等重要訊息，相當於貨車的「身分證」。

6　據鄒錦松補充，車長或列車長通常稱呼自己當班執勤的車為值乘列車。

單，比對哪些是黨員、哪些是非黨員，如果是非黨員，就希望吸收入黨。我是大三入黨的，所以進到臺鐵擔任實習生時，黨部隨即關懷問道：「你有住的地方嗎？」因為實習生幾乎都是單身漢，於是黨部與鐵路工會協調，安排實習生就近住在臺北車站鄭州路的鐵路工會三樓，作為實習生的單身宿舍。後來實習生人數增加，便改租在士林火車站附近的福壽街民房。若實習生在臺北已有地方住的話，自然不住宿舍，像我當時就住在天水路的姑媽家裡。

1965 年 10 月實習結束，我被派任臺北車班列車長，南來北往的跑車經驗也算是開了眼界。記得當時有一位蘇姓列車長，他跑車到高雄，一定會去當地同事家打牌，打到凌晨 3 點必定準時離開，為上班保留體力，大家就給他起個外號叫「蘇三點」。另一個李姓列車長，則是一路打牌到天亮，隔天一早就揉揉眼睛，上車工作，大家就給他取個外號叫「李天亮」。

暑假是家長帶小孩出遊的旺季，也是經驗老到的列車長最常「殺小孩」的時期。當時規定，6 歲以下或身高 140 公分以下者，無須買票，所以家長都會提醒小孩，若是列車長問起：「小朋友，你幾歲呀？」一律要回答：「6 歲！」若小孩的樣貌身高都明顯大於 6 歲，經驗老到的列車長還是有辦法逮住有僥倖心態的家長。列車長的辦法是，先親切地跟小孩子打招呼：「妹妹好乖、好漂亮喔！你讀幾年級了？」妹妹回答：「我讀四年級。」列車長就回頭和家長說：「哇，這位媽媽，你的小孩才 6 歲，就讀到四年級了，實在很聰明、很厲害喔！來，請你補票。」

逢年過節是鐵路員工最忙的時候。當時沒有連鎖便利商店，過

年期間商家幾乎不做生意,所以我們過年值乘列車到高雄時,真的沒有飯吃耶!還好有些老列車長會帶我們這些年輕的列車長去老同鄉家裡吃年夜飯。除了有飯吃,也讓我們感受到過節的溫暖,這份氛圍與情誼使我至今仍十分懷念。

1966 年我結婚了,太太和我同年,名叫陳淑卿,是我大學時的女朋友,她一直在教育界任職。當我們要論及婚嫁時,她的母親一聽我在臺鐵上班,第一時間即不表贊成,因為當時社會上普遍對鐵路從業人員的觀感不太理想,甚至有句俚語形容嫁給鐵路人的心酸:「嫁驛夫仔翁(ang),一年睏無半冬(tang),半暝仔起來創(tshòng)灶坑。」(形容女性嫁給鐵道從業人員,常因丈夫輪班等因素需要半夜起來煮飯,睡眠時間只剩一半;另指鐵道從業員多有賭博等不良習慣,導致晚歸)還好,太太家的長輩打聽了我的為人後,這才安心允諾了這門婚事。

1967 年 4 月,我改派任基隆站副站長,該站的貨運和軍運業務甚為繁忙。我印象深刻的是,有陣子每天約有五班黃澄澄的、載運硫磺的貨車啟運前往中南部。我在基隆站工作時,太太在新竹初中教書,當時我們住在新竹,我都搭清晨 5 點半的平快車通勤。1970 年 6 月,我調回臺北車班擔任管理員[7],負責列車長等乘務人員的派班、勤前教育、備品與服儀檢查,以及逢年過節加班車人力調度等事宜,工作內容極為繁重。在鐵路運輸業務上,與旅客接觸時間最長的,就屬列車長等乘務人員了,所以,乘務人員的外表儀容、談

---

7 即現在車班副主任一職。

吐應對等格外重要，是鐵路給予旅客深刻印象的代表，須特別重視。

1977年3、4月間，我在臺北車班擔任管理員時，曾奉派前往革命實踐研究院受訓，地點在陽明山中山樓。當時各行政機關會選擇有潛力的基層人員入黨栽培。記得鐵路局派去受訓的，除了我，還有時任司機員的郭約義先生、時任豐原站站務主任的洪耀歸先生。洪先生是我成大交管系第3屆的學長，後來曾擔任臺鐵運務處處長。受訓期間，講師大多是政府官員，蔣經國先生也曾來訓勉鼓勵。我們還去調查局參觀，待課程結束後，要寫報告上繳，始得結業。

貨運經歷

1977年6月，我調派華山站擔任貨物主任。關於臺鐵貨運業務的發展，我到華山站期間，正好見證臺鐵貨運的衰退期。

1970年代以前，臺鐵收入比大約是客運60%、貨運40%。在高速公路通車前，東部和南部的建材以及農產品，主要都依賴鐵路北運。另外，臺鐵得配合頻繁的軍運和公教人員福利品[8]運輸，故華山站貨運業務特別繁忙。直到1978年中山高速公路全線通車，以及1983年鐵路地下化動工後，臺北都會區內沒了貨場，使臺鐵貨運受到極大的衝擊。公路「及門運輸」[9]的優勢是，貨主無須親自跑一趟

---

8 福利品，是指公教人員生活需求的一般日用品，當時臺鐵運送福利品的運費為七折，且須優先承運。

9 及門，是指從託運人到收貨人「門到門」的全程連線運輸服務。

車站辦理托運，也不用負擔起迄站的貨物裝卸[10]費用，比起鐵路確實省時、省錢又便利。

　　1999 年政府施行《政府採購法》（以下簡稱《採購法》），也讓臺鐵貨運的獨占市場受到嚴重影響。在《採購法》施行前，所有公部門貨物幾乎都指定臺鐵運送。除了配合政府政策外，由於臺鐵貨車的車輛數不足，供不應求，大多數貨主得登門拜訪臺鐵貨運服務總所（以下簡稱貨所）與調度總所，情商貨車調配的優先順序。為避免人情請託導致貨車調配不公，遂以各貨主在某段期間內「託運貨量的比例多寡」為基礎，貨量多者優先承運，藉此作為計算貨車調配順序的依據。

　　臺北不僅為商業金融的都會區，更是廣大的消費區，物資供應大多從外地運來，像是蓋房子需要的砂石、水泥、石料等建材，就得從東部運來；米糧、蔬果主要從中、南部運來。以米糧為例，當時的華山站，每天約有 1,500 噸的囤米，在米卸下貨車、尚未啟運的這段時間，米商會將米暫儲在華山站內。若逾時未運走，車站會向米商收取一筆「囤存費」。我印象中，華山站一年收取的「囤存費」，和臺鐵二等車站的客運收入差不多。每逢年節前，經濟部物價督導會報[11]都會前來詢問華山站米糧囤貨情況，作為查核物價的參

---

10 即是從起運站「裝貨」，至到達站「卸貨」的兩筆費用。

11 物價督導會報：成立於 1973 年 7 月，為一跨部會功能性的臨時機構。當國內外物價出現大幅波動，或在節慶與重大災害發生時，負責調節重要民生及工業物資的供需，以長期穩定物價。現已改組為「公平交易委員會」。收錄於「教育部重編國語辭典修訂本」：https://dict.revised.moe.edu.tw/dictView.jsp?ID=159932（2022/8/23 點閱）

考。但自從高速公路通車、取消糧照[12]後，米商可以更有彈性、也更準確預估市場需求，不是非得經由鐵路運輸，也無須將大量的米暫儲在華山站；加上公路的「及門運輸」服務，米糧可以直接送抵米商的指定地點，故鐵路的米糧運輸業務就此劃下了休止符。

1977年，當我在華山站工作時，已經沒有見過專門運送豬隻的貨車了。關於豬隻運送的問題，在公路興起前，主要以鐵路運送豬隻，但在起運站與到達站間，時間過長，豬會有排泄的生理需求，如此一來體重自然減輕，進而影響到豬隻「以斤論價」的行情；但公路運輸則不同，有些養豬業者甚至會按超車數額提供司機「超車獎金」，只為求越快抵達市場越好。從效率及收益來看，也難怪養豬業者會改以公路作為運送首選。

公路發達後，鐵路僅剩下收費低廉、公路不容易或是不願意載運的貨物，像是水泥、砂石，以及體積龐大、蓬鬆，但價格便宜的貨物，像是藤椅。為了配合都市發展，臺北開始進行鐵路地下化的規劃與施工，當華山與萬華之間的地下化完工後，臺北僅有南港站的貨場可以供貨主使用，這也連帶影響了臺鐵貨運業務的發展。

臺鐵的貨運業務涉及的單位除了貨所，還有臺灣鐵路貨物搬運股份有限公司[13]（以下簡稱臺搬）負責貨物裝卸業務。臺搬為臺鐵占股比約80%的公司，主要辦理起運站與到達站的貨物裝卸作業，是

---

12 糧照，意指「購糧證明書」及「糧食採購運輸證明書」。

13 臺灣鐵路貨物搬運股份有限公司成立於1946年，1965年省政府核定其正式納入省營事業範圍，一切經營均按照公營事業規定辦理，主管機關為臺灣省政府交通處，業務由鐵路局督導。謝憲宗，〈公營事業民營化之研究──以臺鐵貨物搬運公司為例〉（高雄：國立中山大學管理學院高階經營碩士學程專班（EMBA）碩士論文，2002），頁17-18。

臺鐵貨運的「指定裝卸人」。現場勞役的工作人員十分辛苦，但從另方面說來，臺搬同時也是阻礙臺鐵貨運發展的因素之一。一般來說，若是由貨主委託的商品，臺搬是向貨主申請費用；若是公部門運送的物資，臺搬則向貨所申請費用。但貨主負擔的臺搬裝卸費，其實是高於起、迄站之間的貨物運送費。[14]

我也曾親眼見過臺搬在工作上的重大失誤：有次來自東澳的幸福水泥貨車抵達華山站後，本該由臺搬負責卸貨，但臺搬僅抽取貨車的「插牌」，卻未執行卸貨工作。因為有了「插牌」，臺搬就可以和貨主申請卸車費，所以當調車員工一看「插牌」不在，即認定此車是卸貨完成的空車，所以又將滿滿的水泥運往他站，貨主自然是急得團團轉。

在擔任華山站貨物主任期間，我曾受過一次處分。當時是國慶期間，業務繁忙，加開多班的旅客列車以及華僑專列，使鐵道路線壅塞，造成列車晚點。又偏偏適逢大雨，發車時間更難準確，以致於讓遠從金門、馬祖來臺參加國慶典禮的官兵，在華山月臺枯等多時。而值班副站長亦未能妥善處理現場狀況，導致我因「訓練不足、督導不周」受連帶處分，被記了一支申誡。

員工適不適合辦理貨運工作，其實是很看性格的，有些人不喜歡、不擅長和人相處，覺得辦理貨運是處理「物」，比較單純；從事客運的話，則須服儀整齊、禮貌周到，還得頻繁和旅客接觸，容易遇到各種各樣的人與事，那麼，性格的圓融與人情世故的練達，

---

[14] 臺鐵貨運費用之低廉，部分原因是為配合政府的政策導向，像是民生必需品的米糧，就必須減低運價、優先運送。

就顯得很重要。

1960年代臺鐵客車數不足，年節期間為應付龐大旅客需求，就將平時載貨的篷車[15]拉出來，以加掛形式代替旅客列車，協助疏運返鄉人潮。記得有次，難得春節期間休息，陪太太回新竹娘家時，就搭乘過篷車，印象中車上有燈，還有竹竿拉環，但沒有椅子，車票則是收取普通車的票價。

「送票」服務

1980-1982年我擔任板橋站長時，曾於1981年試辦「送票到府」的服務，為期一年，以車站為中心，方圓三公里內，可以將旅客的車票送至府上。當時規定，一人最多可購買4張對號車票，若「送票到府」的話，1張票多加收20元、2張票30元、3張以上則一律加收50元，頗獲好評。協助送票的主要是下班後的站內員工，而「送票到府」服務加收的費用，就成為員工的加班津貼。但試辦一年後，在諸多考量下即告取消，讓實際需要此一服務的旅客頗不諒解。

另一種「送票」服務，則是臺鐵飽受爭議的「公務票」，也可以說是「人情票」。尤其遇上年節，一般旅客儘管耐心排隊也是一

---

[15] 此處稱的篷車，應為1939年自日本引進的25C10000型有蓋鋼皮篷車，其特色在於車側及拉門均設有車窗，並在前後端設貫通門，可同時擔綱載客與載貨的多重任務，是二次大戰時運送物資的重要車輛。戰後臺鐵亦稱其為「代用行李車」，加掛於旅客列車或行包專車之中。〈鐵道典藏—鐵道車輛—25C10000型代用行李車〉，收錄於「國家鐵道博物館籌備處官網」：https://www.nrm.gov.tw/vehicle?uid=128&pid=8（2023/5/17點閱）；洪致文，〈台鐵的代用客車與代用行李車〉，收錄於《臺灣鐵道印象（上）》，頁166-168。

票難求，而無須上班的公務機關，當中部分的政府要員或民意代表，卻仍以公務為名，申請為數不少的「公務票」，使各大站的站長疲於應付、非常困擾。說實話，年節期間真正執行「公務」的，能有幾人呢？記憶中，除了外交部正式來函協助辦理的外賓團體之外，其實所謂的「公務票」，幾乎全是「人情票」！

　　1988年我在臺北站站長任內，社會輿論興起廢除「公務票」的檢討聲浪，所以當年決議，年節期間，除了公務機關正式函請外，一律取消人情請託的「公務票」。此一改革讓臺鐵局局長和站長得罪了許多人，引來不少責難，卻深獲旅客與社會大眾的嘉許。比起以往，當年發的「公務票」確實減少很多。

從運務到工會

　　1982年，我被借調到臺鐵工會擔任主任秘書。早在1974年我還在臺北車班擔任管理員時，鐵路工會即派我赴以色列亞非勞工合作學院研習，它是由國際運輸勞工聯盟（ITF）[16]舉辦，每一年英文、法文班各一場，英文班參與的國家有越南、泰國、韓國、印度、非洲許多國家與中華民國等。這是我第一次出國，當時住宿跟我同房

---

[16] 國際運輸勞工聯盟（International Transport Workers' Federation, ITF），亦有稱之國際運輸工人聯盟，起初由英國的碼頭工作者成立，進而發展成相關工會聯盟的國際整合組織。任何運輸產業中獨立的工會均有權利加入該聯盟。目前加入ITF的工會或聯盟共有648個，分布於148個國家，約450萬人，含括了海、陸、空等產業之工作者。〈海洋數位典藏—海洋運輸〉，收錄於「國立臺灣海洋大學」：http://meda.ntou.edu.tw/martran/?t=5&i=0006（2023/3/15點閱）

的是臺灣機械工會的劉克忠先生[17]。以色列人國家觀念很重，全民皆兵，街上男、女軍人都帶槍，尤其以色列女兵的模樣，很是神氣。對比1971年中華民國退出聯合國時，很多臺灣的有錢人都往國外跑，以色列則是國家有難，移居國外者紛紛回國，很有團結的愛國心。此次研習班除了室內課程，也安排我們去參觀Kibbutz（戰略村），類似大陸的人民公社，但最大的不同在於，大陸人民公社是政治的強迫，戰略村則是自由的參與。在村中，人們一起工作生活，小孩由Kibbutz負責教養，共享財產、教育與醫療資源等，都讓我印象深刻。

在以色列研習結束後，我又參與了多次國際勞工會議：1976年訪問日本鐵道勞動組合、1978年5月訪問韓國鐵道勞動組合、1980年前往美國邁阿密參加國際運輸工人聯盟第三十次代表大會。1982年王子偉先生當選鐵路工會理事長時，邀我擔任主任秘書。1984年，我代表鐵路工會赴漢城（今首爾）參加亞洲區的國際運輸工人聯盟大會。在這四次參與國際會議的經驗中，除了知識專長的交流分享，也認識許多外國朋友，成功做好國民外交。

1982-1985年，我在工會任職期間，曾有和鐵道兵接觸的經驗。在戒嚴時期，為確保鐵路安全，沿線橋梁、隧道會有鐵道兵駐守。我也曾代表臺鐵前去慰問當時駐於臺中后里的鐵道兵部隊。

---

[17] 1974年，劉克忠為唐榮鐵工廠股份有限公司技術部副理，並擔任臺灣省機械產業工會聯合會理事。〈以色列政經情勢及其外交關係〉，《外交部檔案》，國史館藏，典藏號：020-021701-0006，頁172-174。

198　他們的鐵道時代

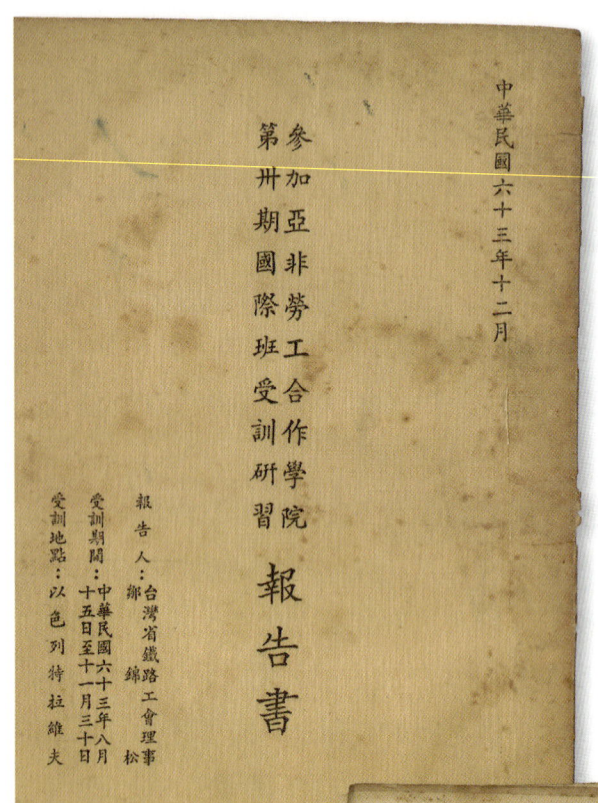

參加亞非勞工合作學院
第卅期國際班受訓研習
報告書

中華民國六十三年十二月

報告人：台灣省鐵路工會理事
鄒錦松

受訓期間：中華民國六十三年八月
十五日至十一月三十日

受訓地點：以色列特拉維夫

❷

❸

鄒錦松在以色列亞非勞工合作學院
介紹中華民國及其工運概況

圖 2、3　1974 年，鄒錦松前往以色列參加亞非勞工合作學院第 30 期國際班受訓的照片與研習報告書。
資料來源：鄒錦松提供。

Chapter 6 | 臺北車站風雲錄　199

❹

❺

圖 4、5 ｜ 1978 年，時任華山站貨物主任的鄒錦松以臺鐵工會常務理事的身分，訪問韓國勞動組合總聯盟、韓國鐵道廳等單位。圖 4 右起第一位麥克風前方者，圖 5 左起第一位持旗者，即為鄒錦松。
資料來源：〈國人訪韓（十一）〉,《外交部》，國史館藏，典藏號：020-010202-0018，頁 92。國史館提供。

鄒代表電話外找

　　我擔任板橋站長時，卜元禮先生是副局長。[18] 卜副局長曾到板橋站巡視，說我做得不錯，並勉勵我「加油，好好幹」。卜副局長是機務處長出身，也曾擔任材料處長。1983 年卜元禮先生升任局長後，正好高雄副段長一職出缺，時任臺北站站長的馬中南先生[19]因此想申請調職回鄉，讓局長甚為苦惱，因為一時之間找不到可以接任臺北站站長職缺的人。於是局長想到了我，並對著田可健主任秘書說：「工會那個鄒主任秘書，在板橋站做得很好，辦理年度模範勞工的表揚大會時，他口才不錯，應對、人緣也都很好。」於是局長決定，指派我接任臺北站站長一職。

　　我記得是 1985 年 3 月，中華民國全國總工會在臺北兄弟飯店召開全國代表大會。田主秘從鐵路局打電話到飯店，說要找全國總工會鄒錦松代表，飯店於是播音「鄒錦松代表，有您的電話」要我去聽。田主秘說：「欸，老闆要叫你到臺北站。」雖然臺北站站長一職是很多人想要去爭取的，但聽到這個人事消息，我心情很是鬱卒，因為這跟我原本設想的人生規劃大不一樣。我原先規劃是，依慣例，鐵路工會主任秘書在未來是準備接任工會理事長的，而理事長一職能直接面對局、處首長，針對員工提出的建議予以溝通解決，像是

---

[18] 鄒錦松於 1980-1982 年擔任板橋站長；卜元禮於 1979-1983 年擔任臺鐵局副局長，1983-1987 年升任臺鐵局局長。〈歷任局長〉，收錄於「臺灣鐵路官網」：https://www.railway.gov.tw/tra-tip-web/adr/about-director-succession?activePage=2（2023/3/17 點閱）

[19] 馬中南，1982-1985 年擔任臺北站站長。

改善員工的工作環境、爭取福利，以及協助鐵路業務的發展等，對我而言是能一展長才的表現機會。

另一個我不願意接任臺北站站長的原因，是當時臺北站正進行鐵路地下化工程，工作千頭萬緒，隨著工程進度，車站的旅客動線亦頻繁變動，很是複雜。臺北站是臺鐵第一大站，無論東、西線列車整備、編組、清洗等，都在站內辦理，加上原先車站內三百多名員工，有正常日班、兩班制、三班制，光要逐一認識這些員工，就得花上很多功夫。

當時鐵路黨部書記長陳英烈先生[20]，知我因調職一事心鬱不歡，於是開導我說：「到臺北站，認識的人多，你往後可以走的路也會比較寬廣。如果一直待在工會，將來就只有工會這份經歷。」他這番話讓我釋懷不少。擔任臺北站站長的人事派令 4 月初抵達，不過工會 4 月底要舉辦五一勞動節鐵路模範勞工表揚大會，所以我一直忙到 5 月 3 日才前往就職。

臺北站地下化時期

1985-1988 年我在臺北站站長時期，適逢地下化工程的進行，當時經濟起飛，鐵路旅客越來越多，列車密度提高，嚴重影響市區交通。記得某次年節，臺北市政府曾致電臺鐵說：「火車密度太高了，

---

[20] 陳英烈，浙江鄞縣人，1962 年 9 月至 1968 年 3 月任台北市黨部副主任委員，1968 年 4 月任國民黨鐵路黨部書記長。〈陳英烈（陳序賡）〉，《軍事委員會委員長侍從室檔案》，國史館藏，典藏號：129-250000-2859。

平交道都拿不起來，市區交通塞得一塌糊塗，貴局的列車是不是可以先停一下？」於是，交通部、臺鐵等有關單位，規劃了二十幾年的鐵路地下化工程，在現實壓力下，得更積極地進行。

首先登場的是「臺北車站鐵路地下化」工程，[21] 第一階段是將華山到萬華共 4.4 公里的鐵路移入地下，以及新建南港貨運站取代華山站，從 1983 年動工到 1989 年完工；第二階段是「松山專案」，從華山到松山共 5.3 公里，1989 年動工到 1994 年完工；第三階段是「萬板專案」，從萬華到樹林[22] 共 15.3 公里，1992 年動工到 1999 年完工；第四階段是「南港專案」，從松山至七堵共 19.5 公里，1998 年施工到 2011 年完工。

臺北鐵路地下化對於臺北市區交通的改善與土地的運用、都市的美化等，都有很大的助益。鐵路地下化以後，南港站、松山站、南港調車場、華山站、臺北站、萬華站、板橋站，以及臺北機廠等，空出很多可以開發利用的土地。

盡忠職守好身段

擔任臺北站站長時，要處理與協調的面向很多，就算是不屬於車站的業務，也不能推託。我認為，鐵路業務之所以做不好，是因為不少員工的本位主義太重，沒有將鐵路視為整體事業的觀念。舉

---

21 相關臺北鐵路地下化工程內容，主要參考：周永輝總編輯，《潛龍騰行：隨著記憶不斷蛻變的臺北鐵道》（新北市：交通部鐵路改建工程局，2012），頁 26。
22 鄒錦松補充，「萬板專案」是指從萬華到板橋，但事實上是從萬華延伸至樹林車站，並新建樹林調車場接收板橋客車場移轉的業務。

例來說，像是遇到車上座位重號，有的列車長會說：「那是車站賣的車票，與我列車長無關。」結果由我親自去和旅客致歉。這種經驗實在太多了。還有，以前臺北車站附近的臺北機務段和工務段，須待夜間才能進行養護作業，但附近居民會投訴鐵路施工嚴重影響睡眠，身為站長的我必須概括承擔，不能說這是其他單位的責任。

還有一次，有個旅客拿了一杯茶跑到站長室說：「站長，你喝喝看，這杯茶乾淨嗎？」當下我不能推託說：「這是餐旅服務總所的業務，跟我臺北站沒有關係。」於是，我還是喝了一口茶，回答旅客：「還好、還好。」旅客一看，站長都敢喝了，自己還爭什麼？原本滿腔的怒氣，想想也就算了。

有些主管的心態是，當員工跟旅客發生糾紛，就躲遠點不敢出來，我認為這樣不行。員工跟旅客有糾紛，當主管的第一時間就得出來道歉說：「對不起，這是我的教育訓練不足，以後我會改善。」事情大多可以大事化小。曾經有位文化大學教授因為買不到車票，加上員工應對欠妥而向臺鐵投訴，下班後，我親自跑一趟他位於陽明山的住家去致歉。當時天都黑了，又下著雨，一眼望去霧濛濛的整片山頭，讓我印象深刻。

還有一次，有位旅客來買票，用手「叩叩叩」一直敲售票台，一邊喊：「8 點 50 到中壢的車票！」但 8 點 50 是星期日才行駛的加班列車，當天不是星期日，所以我們員工給他一張 9 點的車票。旅客一看到車票，就很生氣罵道：「你是耳聾？還是你耳空（hīnn-khang，耳朵）被牛踏破嗎？」員工也不甘示弱地回答：「那你是眼瞎了，還是眼睛放在口袋裡？沒看到 8 點 50 分的列車是星期日

才加班行駛的嗎？」旅客一氣之下，就跑到站長室來申訴。我趕緊先和旅客致歉，表示會加強教育訓練。旅客離去後，我和這位江姓員工溝通：「你可以好好和旅客講：『很抱歉，您要的時間是星期日才行駛的加班車，今天只能買 9 點的車票。』如果你這樣講，後面排隊的旅客也會認為你有禮貌、態度好，這麼短的話你不說，卻講了這麼長、還使旅客難堪的話，人家自然不能接受，你又能得到什麼好處呢？」江姓員工解釋，他也是一時氣憤。我接著開導他：「以後我們就多忍耐點，加強服務，好嗎？」據我的了解，若得罪一位旅客，連帶會有七、八位旅客對鐵路產生不好的印象，因為當一位旅客被得罪後，會跟他的親友抱怨，而負面消息總是流傳得特別快。

以我在臺北站的經驗，當時省議員、立法委員態度較為強橫，但黨外以及後來民進黨的民意代表則相較客氣，他們只會罵局長等高官，對基層鐵路員工態度普遍友善。我卸任臺北站站長後，聽說有一位國民黨提名連任的立委，發車前 5 分鐘才抵達臺北站，想搭乘 17 點 30 分的自強號到中壢。那天正好是旅客眾多的星期五，早就沒座位了，於是他大發脾氣、耍官威，還辱罵了車站員工。這些鐵路員工大多是居住在桃園楊梅、觀音、新屋一帶的客家人，當地的鐵路員工加上眷屬約有三千多人，他們以往大多支持國民黨提名的候選人，但經過這位立委的羞辱事件後，員工決定這次不支持國民黨了！選舉結果，這位立委以五百多票之差落選。只能說鐵路員工真是太團結了。

旅客員工鬥智謀

　　以前臺北站有前、後站之分，要買月臺票經過天橋後才能出站。但是很多旅客會買月臺票「乘車」，藉以逃票。例如坐車到中壢，取巧出站，再從中壢坐火車北上，回臺北後，還是用同一張月臺票出站。為防堵逃票，起初是以剪票位置來區分旅客的進站時間，比方上午 9 點進站，就剪在 9 點鐘方向，若持票旅客直到下午 5 時才出站，站務人員一看，自然合理懷疑，哪有進月臺送客需要那麼長的時間？後來為方便識別，就把月臺票改成上、下午不同顏色，藉此取締這些取巧逃票的旅客。我當站長時月臺票一張 5 元，一天的月臺票收入可以高達 5、6 萬塊錢，這當然是包含逃票所導致的不正常現象。

　　此外，還有不按規定出入車站的違規現象。有一次，一對兄弟搭乘晚上 9 點到站的 1008 次自強號列車，從板橋到臺北，因他倆沒買票，企圖從延平北路的平交道走出去，卻不幸被其他列車撞成一死一傷。幾天後，他們的家人找來檢察官、警察與民意代表等，要我們陪同勘驗現場，好在當時月臺兩端燈光明亮處都有清楚標示「禁止通行」的警語，故能免除法律責任。有了這個警惕事件，後來無論我擔任臺北運務段段長，還是運務處處長，都嚴格要求在各站月臺的兩端，一定要做「禁止通行」警語，並標示正確的出站指標。不僅是保護旅客，也是保護站內員工的雙重保險，絕對不可以忽略。

　　還有一次在五堵站，電車線斷了，電力車無法通行，只有柴油車能行駛，旅客一見到行駛的柴油車就開罵：「你們剛才說火車不

通,為什麼那臺車可以行駛?」鐵路員工回答:「那臺是 DMU!你要坐的是 EMU!」[23] 其實,旅客哪管火車是什麼 U,就是要坐車!所以我常常告訴員工,對旅客服務要說「一般人聽得懂的話」,不能和旅客講鐵路術語,更不能覺得旅客會理所當然懂得我們的專業術語。

1987 年琳恩颱風來襲時,南港調車場的機車和車輛都被水淹,災情慘重。機車淹水後,要先拆解清洗,再用電風扇吹,烘乾後才

圖 6 | 1987 年中颱「琳恩」帶來豪雨,使南港調車場一度水深 1.5 公尺,造成停留整備的機車與車輛全被水淹的情形,進而導致 10 月 25 日清晨西部幹線的列車無法準時開出。
資料來源:臺灣鐵路管理局,《業務通訊》第 670 期(1987 年 10 月),第二版。

---

23 EMU(Electric Multiple Unit)是以電力作為動力來源的列車;DMU(Diesel Multiple Unit)是以柴油引擎作為動力來源的列車。

能組裝,費時費力。在無法及時整修的情況下,導致車輛數不足,造成列車晚點。於是,我們會播音和旅客解釋說:「因琳恩颱風影響,列車將延遲10分鐘抵達,敬請見諒。」但旅客不滿誤點,就開罵道:「琳恩颱風已經過一個月多了,你們還推給颱風!」旅客自然不會知道機車淹水後,得經歷多少繁複的處理程序,加上我們實在也很難詳細說明,但心裡總覺得被罵得很無奈。

臺北站除了春節、清明節特別繁忙外,端午、中秋節的旅客也很多。尤其中秋節前夕,列車離站後,月臺上常留下很多柚子、月餅,旅客忙著擠火車,把袋子都擠破了。車子一走,站工只好趕緊處理,也算是臺北站的中秋奇景。

當時鐵路局的清潔工作還沒有外包,是由站工負責。另外,由於當時列車設計是直落式廁所,女性使用過的衛生棉,會直接掉落在軌道上,不甚雅觀,站工得趕緊處理,他們會開玩笑說:「我們要去抾(khioh,撿)紅包。」這樣的清潔工作至少得兩個人一組,一人負責查看前後有無來車,以維護安全,另一人則趕緊清潔軌道。

臺北站還有另一個的特點是遺失品特別多,旅客下車時常忘記拿雨傘、包包、錢包、照相機等,還會有神明、神主牌啦,很多意想不到的東西,什麼都有。臺北站還特別騰出一個專門的空間來保管大量的遺失品,並登記分類。因為實在太多了,所以保管半年後,若沒人前來認領,就會進行拍賣處理。

長官貴賓送迎忙

　　我擔任站長時，由於臺北站正進行地下化工程，長官常來主持開工典禮、或是巡視工程進度，站長得負責引導長官前往視察。當站房設施一移動，旅客動線也跟著改變，特別繁忙。除了面對官員送往迎來，記者也來來去去，我最怕被記者講：「昨天見面才和你交換名片，今天找你，就把我就給忘了。」這樣會很容易得罪人。所以我在臺北站站長期間，收到的名片特別多，還要認得很多人，好在我的記性還算可以。

　　那時還沒有高鐵，所有長官都在臺北站進出，所以車站貴賓室經常開著。臺灣省政府位在臺中，每個星期五，省府官員、省議員從臺中回臺北時，我們要接待並負責他們的安全。負責維安時，要以代號稱呼，像是蔣經國總統代號是「玉山」、省主席是「中興」。而星期日省府官員又要動身回臺中，所以星期五、日這兩天，我們站務人員都得忙到晚上9點，待最後一班的自強號開行後才能下班。

　　有時鐵路局的卜局長會問我：「省議員坐第幾車呀？」若同車，要幫局長換座位，局長習慣在搭車時靜一靜，要是和省議員同車廂的話，省議員就會跑來找局長說：「局長啊，我之前拜託你的事情，有沒有給我辦好？」這樣局長壓力會很大。若是在省議會的會期，除了局長，臺鐵一級主管也要參加，這些主管同樣也想知道局長的座位，不希望與局長同車坐往臺中。每次處理長官間座位調配的顧慮，都讓我煞費苦心。

　　國慶期間一天會開行四、五班的華僑專列，載運僑胞去南部參

觀軍事基地和國家建設，以及遊覽風景名勝。華僑專列在臺北站出發之前，臺鐵得要配合維安單位檢查，維安單位也會派人安插在車上，聽說，曾經抓過偽裝成華僑的不法人員[24]。甚至於鐵路便當製作過程，維安也會派人監看，深怕鬧出食安的問題。我當時壓力真的很大，生怕在臺北站內出什麼紕漏，得等到專列北返，僑胞離站後，我才能真正鬆一口氣。

令人難忘的往事

　　1987年12月25日，蔣經國總統在中山堂主持行憲四十週年紀念大會時，民進黨約有兩、三百人在會場外發起「要求國會全面改選」的示威運動，占據中華商場西門町的平交道約2小時之久，迫使上、下行列車動彈不得。當時的臺北站總務主任張應輝先生趕到平交道現場，向示威群眾勸說：「請你們讓一讓，讓列車正常通行好嗎？」抗議人士回答說：「我們民主運動都等了40年，你們火車等2小時不行嗎？」使我印象深刻。隔年1月13日，蔣經國總統逝世，臺北站在第二月臺搭建臨時靈堂，許多旅客都會特地前來弔唁，當時現場氛圍令人動容。

---

[24] 鄒錦松此處所指的不法人員，其實是指「匪諜」。國民黨政府來臺後，稱中共為共匪，其派來刺探我方情報或進行滲透分化的間諜，稱之為「匪諜」。收錄於「教育部重編國語辭典修訂本」：https://dict.revised.moe.edu.tw/dictView.jsp?ID=34445&word=%E5%8C%AA%E8%AB%9C（2023/3/23點閱）

圖 7 ｜ 自西門圓環溢出的示威群眾，蔓延至中華商場旁的平交道，龐大的人潮擋住了火車的通行。資料來源：劉振祥攝影。

五一勞動節大罷工

　　我國《勞基法》從 1984 年實施生效，但臺鐵因財務困難，沒有實施勞基法。儘管 1947 年臺鐵成立鐵路工會，為員工爭取權益和福利，也多次向局內要求依規定實施《勞基法》，但在協商未果的前提下，部分員工決定另外成立工運組織，由司機員率先成立「火車駕駛人聯誼會」，簡稱「火聯會」。1988 年五一勞動節，「火聯會」發動鐵路大罷工，就是為了反對臺鐵不實施《勞基法》。「火聯會」動員大約 1,400 名司機員，在勞動節當天，以不加班方式集體休假，

造成全臺火車停駛，震驚國際。[25] 新聞裡，可以看到臺北站站長獨自站在空無一人的月臺，鐵軌空蕩蕩，等不到火車進站。幾天後，5月9日我奉派前往日本考察鐵路地下化設施，當地鐵路人員看著我說：「我們前幾天在電視上看過你，你是轟動亞洲鐵路大罷工的無奈站長！」

其實，無奈的何止是我，當時臺鐵局局長張壽岑先生1987年一上任，也為了《勞基法》風波奔走基層，傾聽民意，設法協調解決，忙到頭髮都白了不少。張局長和同仁聊天時，都會笑稱自己這頭白髮也是「勞積髮」。張局長很厲害的一點是，當時臺鐵工會理事長是王子偉先生，身為工會理事長，王子偉的立場自然得大聲疾呼，應即刻施行《勞基法》，以捍衛員工權益。張局長一上任，就把王子偉調為運務處長。運務處是施行《勞基法》人數最多、經費最大、問題也最困難的單位，這使得王子偉從監督臺鐵實行《勞基法》的工會理事長，變成得要處理協調員工抗議的當局者了。而透過充分了解《勞基法》的王處長出面，與工會的老同仁全面溝通下，最終也順利完成了局長交辦的任務。

說個題外話，因我曾在鐵路工會擔任主任秘書，鐵路工會的幹部大多與我熟識，所以工會人員只要到了臺北站，都會主動前來看

---

[25] 1988年5月1日臺鐵司機員集體休假一事，主要的導火線是司機員認為，臺鐵以往規定，為維護行車安全，司機員如果跑早班時應先報到，在行車人員宿舍住宿；在駕駛中途折返時，也規定須在段上休息室休息。雖然說是休息時間，但若查勤不到，司機員則要受到警告處分。在《勞基法》實施前，這樣的休息時間是不核計於工作時間內的；但《勞基法》實施後，司機員認為這些得「配合規定」的時間，應該算是「待命時間」，應核發延長工時的加班費用。相關資料參考：〈勞工法剪報及參考資料等〉，《外交部檔案》，國史館藏，典藏號：020-059903-0011，頁20；路工月刊編輯委員會，《路工》（臺北市：臺灣鐵路工會，1988年合訂本）。

圖 8 ｜ 站在臺北火車站月臺上，望著空蕩蕩鐵軌的無奈站長，就是鄒錦松。
資料來源：聯合知識庫，林俊良，《聯合報》，1988 年 5 月 1 日。

看我這個老主秘。當時鐵路局的人二室（今改稱政風室），就懷疑我與「火聯會」聯繫密切，暗中支持他們罷工，所以向上級報告：「鄒某人不適合，不能讓他繼續留在臺北站。」我想，這或許是我從臺北站下臺的原因之一。

目送淡水線駛入歷史

　　說道我自己與淡水線的故事，其實早在 1965-1967 年我擔任臺北車班列車長期間，曾有過唯一的一次值乘淡水線列車的經驗。有天我跑車結束，正準備下班回家，車班管理員趕緊跑來找我幫忙，因為值乘淡水線列車的車長因故延誤、尚未到班，為了準點發車，也為車班的團隊榮譽，我同意代為值乘。一般來說，跑淡水線是車長，而我是列車長，外觀上，最大的不同是帽子上的裝飾。[26] 所以當天換我跑車時，車上旅客就議論紛紛：「今天車長的帽子怎麼和平常不太一樣？好像比較神氣的樣子」、「喔，有可能這個車長出了什麼問題，才會被降調來值乘淡水線的列車。」

　　1988 年因淡水線即將停駛，所以線上各站的站長一旦出缺，即遇缺不補，當時擔任臺北站站長的我，最高紀錄曾身兼華山站、雙連站與圓山站站長，總計四個站的站長職務。1988 年 7 月 15 日，是淡水線為配合捷運工程的進行，結束 87 年營運的大日子。當時淡水線位於臺北站第六月臺，平時通勤的乘客不少，住在士林、北投、淡水的居民，都會搭淡水線列車往返臺北市區上班或上學。而週末或連續假期，淡水線則以觀光旅客居多，旅客通常會搭淡水線前往北投泡溫泉、去淡水吃海產，或到陽明山走走。當淡水線停駛的消息一傳出，自然引起很多人的懷念。《民生報》特地舉行了「淡水線最後一班列車」的紀念活動，當時臺鐵局副局長李孔謀先生、《民

---

[26] 據鄒錦松解釋，當時車長的帽子僅有一條黃色金線，而列車長則多了一條較粗的黃色帽邊，上面再鑲一條金線，所以在乘客眼中，才會顯得較為神氣。

圖 9 ｜ 1988 年「淡水線最後一班列車」紀念活動照。由左而右依序為臺鐵局副局長李孔謀、港星潘宏彬、《民生報》發行人王效蘭、臺灣演員陳莎莉、童星夏振皓，穿制服戴帽者即為臺北站站長鄒錦松。資料來源：聯合知識庫，郭肇舫，《聯合報》，1988 年 7 月 16 日。

生報》發行人王效蘭女士、演員陳莎莉小姐，以及對於淡水線充滿回憶與熱情的乘客，也都來共襄盛舉，現場是人山人海、熱鬧非凡。

　　淡水線停駛後，乘客只能改以公車通勤。在捷運尚未啟用的時期，可以說是臺北市交通黑暗期，士林到臺北間，每到上、下班時刻就塞車回堵得非常嚴重。淡水線拆除改建捷運後，原來沿線幾百戶的鐵路員工宿舍，也得要一併拆除。員工及眷屬眼看將失去住所，紛紛無心工作。臺鐵與臺北市政府捷運局又歷經多次協商未果，所以我們幾位退休的站長，包括前萬華站站長曾東昇、前華山站站長范英祥，以及我，決定一起前去省議會陳情抗議：「這麼多鐵路員

工連家都要沒了，要員工怎麼生活、怎麼安心工作呢？」記得當時，張壽岑局長還特別看了我一眼說：「喔，帶頭抗議的是前臺北站站長！」這可能是我往後無法順利升遷的原因之一吧！

後來，臺鐵開始調查員工有無房產：已有房產者不配給宿舍；高員級無屋者，配給40坪的宿舍；員級無屋者，則配給36坪的宿舍。據當時郊區房價行情，一坪大概是6、7萬，有員工的房產是在妻子名下，但為了取得宿舍配給的資格，遂辦假離婚。

壯志未酬的遺憾

2003年我擔任貨運總所經理兼產管處長時，為了改善臺鐵財務，有效利用鐵路地下化後釋出的土地空間，以及擴大附屬事業的經營項目，於是開始研擬增修《鐵路法》第7條、第21條。參照國外案例，如日本東海旅客鐵道公司、香港鐵路公司，附屬事業的收入皆高於本業運輸收入，是本業與附業併行、相輔相成的經營模式。但反觀臺鐵呢？當時臺鐵的運輸與附業收入約8：2。臺鐵的土地，皆位於各縣市車站附近的精華地段，卻因為法源不足，無法開發。在運輸本業成長有限的前提下，面對虧損，也只能力不從心。當初與同仁研擬鐵路資產開發時，也希望車站不只有賣便當、報紙和飲料，也可以經營超市、百貨公司、托嬰中心、補習班、大賣場、美食街，甚至是安養中心等，提供旅客更全面的生活服務。

《鐵路法》的增修宛如一場長跑的耐力賽，從2003年局內研擬到提報交通部、交通部函報行政院審議通過後，2007年送進立法院

審查。當時具臺鐵工人背景的林惠官立委，還帶著臺鐵長官去拜會立法院交通小組，希望在修法的議題上能獲得立委的支持。2007年底，立法院通過《鐵路法》的增修條文，[27] 使鐵路的經營不僅限於「運輸所必需」的事業，舉凡旅客生活商業需求的消費零售服務，皆可經營；但有關車站周邊的土地開發，仍待往後漫長的修法之路持續努力。況且土地開發管理並非臺鐵所長，也必須委請專業人才，才能有經營績效。

雖然我2006年即從運務處長任內退休，無法在任內見證自己曾參與研擬的法條順利通過，但眼見修法後，對於鐵路附業的經營，多少有些改善，也算是遺憾中帶有些許欣慰。我希望在未來，臺鐵相關單位的主管能繼續努力，交通部也全力支持，使臺鐵能永續經營發展。

站長的人生啟示

任職臺北站站長的3年7個月，我曾在受訪時說過，我的理念是讓臺北站成為一個「沒有具體服務標準的車站」。沒有「標準」的意思是，對待不同旅客就該有不同的服務方式和做法。能符合每一位旅客的需求，就是標準的服務。臺北站每日迎接成千上萬的旅

---

[27] 資料來源：〈立法院公報　院會紀錄〉（第96卷；第85期），收錄於「立法院議事暨公報資訊網」：https://ppg.ly.gov.tw/ppg/publications/search?&index=0&criteria=keyword&value=%E9%90%B5%E8%B7%AF%E9%99%84%E5%B1%AC%E4%BA%8B%E6%A5%AD（2023/6/21點閱）

客，務必做到安全、準時、親切、便利與清潔，這也是對旅客與貨主的基本要求。

　　成立至今 130 餘年的臺北站，是出外人追求理想的落腳處，也是上演人生悲歡離合的舞台，更是臺灣經濟起飛的縮影，對國家經濟發展負有極重要的任務，同時也做出了極大的貢獻。站長任職期間，我閱歷無數民眾往來，和許多政商名流的進出，看盡人性美醜、成敗，以及得失的無奈。每逢年節和連續假期，鐵路員工不僅要上班，做的工作更多，甚為辛苦。就因為這些員工的犧牲奉獻，成千上萬的旅客才能夠順利回家團聚，享受天倫之樂，造就安和樂利的社會，這是我個人擔任鐵路員工以來，最深刻的感受。

鄒錦松先生大事年表

1941 年	生於臺北萬里。
1963 年	畢業於第 5 屆成功大學交通管理學系，同年錄取臺灣省經濟建設人員特種考試「交通管理科陸運組」。
1964 年	進入臺鐵局運務處服務。
1965 年	就任臺北車班列車長。
1966 年	與陳淑卿女士結婚。
1967 年	就任基隆站副站長。
1970 年	就任臺北車班管理員。
1977 年	就任華山站貨物主任。
1980 年	就任板橋站站長。
1982 年	就任營業處主任科員。 就任臺鐵工會主任秘書。
1985 年	就任臺北站站長。
1989 年	就任運務處專員。
1991 年	就任臺北運務段副段長。
1992 年	就任臺北運務段段長。
1995 年	就任運務處副處長。
2002 年	就任勞安室主任。
2003 年	就任貨運總所總經理兼產管處處長。
2004 年	就任運務處長。
2006 年	退休。

Chapter
7

遷徙生根的鐵道王

王景標先生訪問紀錄

圖 1 ｜ 王景標年輕時的身影。資料來源：王景標提供。

時　　　間	2021.11.20、2021.12.23、2022.8.31
地　　　點	桃園王宅
使 用 語 言	國語
訪　　　談	曾令毅、嵇國鳳
紀　　　錄	嵇國鳳
受訪者簡介	王景標（1930-2024），安徽省宿縣人。1946年從軍，1949年隨鐵道兵第二團團部暨所屬第三營抵臺。來臺後，歷任新竹運務連排長、高雄機務連連長、臺中清泉崗北大營區營長、澎湖港口指揮官，以及花蓮陸軍第二後勤指揮部指揮官等職，並曾編寫兩本鐵道兵教材。鐵道兵團的主要職務，包括以戰爭時期占領、接管鐵道設施為主的技術培養，以及軍事運補上的後勤支援。透過其在中國內戰期間與戰後來臺的豐富鐵道兵生涯閱歷，得以一窺鐵道兵如何從戰爭體制的要角走向裁撤一途的時代縮影。

生平與家世

　　我是王景標，安徽省宿縣人，生於1930年1月4日，父親名聖堯、母親戚氏，兩人住在同一鎮上，因媒妁之言而訂親，育有三男兩女，我是老么。家中主要以務農維生，農閒時也經營小本生意，像是炸麻花、紡織棉布趕集販賣等活兒，以維持家計。1931年華中地區豪雨不斷，8月間，長江中下游一帶已是汪洋一片，我家鄉安徽也是受災嚴重的區域之一，在農作物遭害、無糧可收的慘況下，父母親背著當時未滿2歲的我，與村人結夥外出，當乞丐討飯維生。[1]

　　待天災漸遠，大哥景元與二哥景運陸續前往安徽孫疃鎮的街市，擔任商店店員後，家中經濟逐漸好轉。加以父親「儲麥買地」經營得法，1945年抗戰勝利時，家中持有的田地總數達七十餘畝，家中情況步入小康。所謂「儲麥買地」，是在抗戰後期，每到夏天割完麥子，父親去趕集時，總由街上買一袋麥子扛回家存放，到了農曆年前後的冬天，遇到收成不好、或有人賭博輸錢，生活無以為繼時，便會出售自己的田地藉以過活。這時就會有仲介人到家裡兜售田地，父親若認為地點適合、價格合理，便會買下。若碰上現款不夠，父親就把家中囤積的麥子挑上街市去賣，並將湊得款項全部用來買地。

---

[1] 有關1931年長江水災的發生原因及影響，可參考：楊明哲，〈民國二十年（1931）長江大水災之研究〉（臺北：國立政治大學歷史研究所碩士論文，1987）。

入伍從軍去

　　抗戰勝利前最後兩年，汪政權第十五師部隊進駐孫疃鎮，師長竇光電是東北人，他們霸占大哥景元負責經營的「同義合」商店作為師部，時不時三五成群、索糧要柴，要不到就搶，搶不到就抓男人來打。當時，年近花甲的父親就曾因逃避不及被毆打，令全家心疼不已。勝利後，汪政權逐步撤離，治安反倒更見混亂，除城內駐紮的國軍正規部隊外，城外則有游擊隊、共產黨的八路軍，以及地痞流氓等各方勢力的爭奪。

　　1946 年父親因「絞腸痧」（急性盲腸炎）驟逝，時年 61 歲。此時的我不到 17 歲，本該就讀高中，卻因為戰事的連累，連初中大門都沒進過，只有私塾的經驗。眼看家鄉局勢一天比一天亂，在家人鼓勵下，我選擇出外闖前途。

　　1946 年夏天，是我首次離家投身軍旅。那時聽說空軍航空工兵團要在宿縣的縣城招考學兵，我們幾個前後村、從小一起長大的同學，便結伴赴縣城投考。由於試題簡單，加上大家平均年齡 17、18 歲，身強體壯，當場就錄取了。隔天，由一位軍官帶隊，領著我們二十餘人乘火車往徐州集結地報到。這是我第一次坐火車，感覺很新奇。

　　到徐州出站後，隊伍便徒步走到福康醫院報到。已人去樓空的福康醫院，成了航空工兵團集結各地錄取學兵的據點。院內大約有四、五位軍官，負責照顧新進學兵的起居生活。錄取報到者約有一百多人，聽說員額招足，即開赴湖北省漢口市訓練。由於我們幾

個同鄉都是初次離家，多不習慣軍中的生活，當時有位與我們不同村的同儕邵體康，人很老實，自從被指名為炊事兵後，每晚就寢前就跑來我們睡舖前哭。由於體康的爺爺「邵老朝」在家鄉的地方上是響叮噹的人物，還曾糾集鄉里兄弟，自封抗日游擊司令，晝伏夜出，對日軍與汪政權的部隊展開騷擾戰。有這樣豪氣的爺爺，而自己竟在軍中當伙伕，若是被家人知道，面子哪裡掛得住？經考慮後，我們幾個決定「開小差」，溜回家。由於當時沒錢買火車票，我們便乘霸王車一路由徐州回宿縣。出站時，不知是誰，掏出一張入伍報到單，向站務員說：「你看！我們是軍人，要收什麼票？」就這樣一唬弄，順利出了站。出站後，大家誰也不耽誤時間，急忙趁著天黑前趕回家。

　　返家時，鄉里已不見往日游擊隊的蹤影，反倒是八路軍的地方行政人員，活動極為頻繁，他們特別對當地「頑劣惡霸不良分子」展開鬥爭，藉以爭取民心。我曾親見本村的一位青年，手持八路軍發給的步槍，參與鬥爭大會的活動。由於家鄉局勢變化太大，難以適應的我，只好再度離鄉闖蕩謀前途。

　　1946年秋天，是我第二次外出當兵，當時住在宿縣城東關擔任小學老師的王聖勳叔叔，受家人之託，帶口信告知城內有鐵道兵團在招考學兵，錄取後，可學開火車、當站長、列車長等工作。我即邀王玉川、王崇良三人結伴赴縣城投考，三人皆獲錄取。當天由一名上士官張玉堂，帶領十餘名錄取者，搭火車到安徽省嘉山縣明光鎮部隊報到，部隊就住在明光火車站的貨票房內。幾天後陸續招考進來的學兵約有兩百餘人，光是我家鄉宿縣就有七十餘人，占全連

人數三分之一，一幢幢長長的貨票房住滿滿，除軍官外，士兵一律睡通舖。經長官說明，知道我們的番號是聯勤鐵道兵第二團第三營第九連。當時（1946年）全國共有三個鐵道兵團，第一團團部駐河南鄭州市、第三團團部駐北平市，與我們第二團團部駐安徽嘉山縣明光鎮，而不久後我們將遷赴徐州市。

首次接觸鐵道兵訓練

　　待連上員額招滿後，開始正式排定課目表出操上課。我們的寢室即教室，教官就站在寢室的走道上講學，我們則各自坐在睡舖上聽課。室外廣場靠近淮河邊，除了是早晚點名、晨起跑步與基本教練的場地外，也是我們一日兩餐的用餐空間。室內課的主要內容為講解機車（火車頭）的性能構造，當時均為蒸汽機車，教官為鐵路局員工轉任連上技佐尉級軍官擔任。教官會在牆上掛一張蒸汽機車構造圖，將機車分為八大部進行分析，搭配機車在車站待命的空檔實際觀摩，學習過程沒有書面資料，只能靠強記。

　　除技術課目外，還有長官解說行政常識課目，告訴我們鐵道兵團屬於工兵類科別。

　　編制上，團轄有若干鐵道兵營；戰場上，每個營主要針對鐵路實施「搶修、破壞、建築、管理」四大任務。每個鐵道兵營，轄有若干工務連和運務連。工務連負責「搶修、破壞、建築」任務；運務連負責運輸管理，例如：開火車、當站長、列車長、號誌兵、打

旗掛鉤等管理任務。[2] 我剛進來就在運務連服務，學些基本常識，卻沒有半點實際操作的技能。

當時我們鐵道兵連的編制，連長為少校，副連長、排長為上尉，排附為中尉，班長一律為少尉，各班的班長大多是陸軍官校 19 期工兵科畢業分發任職，副班長則為中、上士等階。技佐中、上尉不等，均為技術文官。班兵分成有技術與無技術兩類：有技術的，是指經過面試鑑定考試，初為上等鐵道兵，逐漸遞升為六到一級技術軍士；無技術的，則是一般普通兵和士官。

當時，我的現職為六級技術軍士，得知上級派員來作技術鑑定的考試，乃自告奮勇想超越級數，直接跳級報考二級技術軍士的司爐工作。考前我對鐵路行車規章研究得很透澈，自信滿滿，筆試時也順利過關。只是在虛擬操作司爐的投煤考試階段，我卻搞砸了。

在沒有火車頭實務操作的現場，僅由考試官用手指向地面畫一個圓圈，告訴我們這就是火車頭鍋爐的爐門，便開始測驗投煤動作。我立即按平時操練所學，向爐門右邊一站，同時打開兩腳，就開始彎腰模擬持鏟剷煤投爐的動作，考試官一見，即對我說：「你未先打開爐門，怎能把煤炭投進鍋爐內？」他說得也是！一時緊張的我，居然把這個初始動作給省略了。所謂「真實動作好做，假設動作難為」，這次的考試就這樣被我給搞砸了。一次的失敗還不打緊，竟然連我原本六級技術軍士的資格也被取消，真是氣炸肚皮。於是我

---

2 打旗是給開火車的司機看，確認操作火車前進或後退的基本動作；掛勾則是指車廂之間摘開或連接，打旗掛勾可為同一人進行。參考資料：王景標，《鐵道王 一段鐵道兵團的精采故事》，頁 30。

被降級為原初的上等鐵道兵，儘管覺得不講道理，但在無處申訴的處境下也只有默默忍受，另待雪恥的機會來臨。

內戰期間的顛沛流離

1947年夏初，全營奉調前線執行鐵路搶修任務，先調到津浦鐵路山東鄒縣站，約一週後又調回隴海鐵路東段（徐州至連雲崗段），因為這段鐵路路基全被共產黨糾集民伕挖壞，表面全看不到路基，也不見原有鋼軌枕木的蹤影，放眼所及的是一條深約成人般高的排水溝。經詢問當地百姓，只說鐵軌全被共產黨搬走藏起來了，至於藏在何處，誰也不敢說。

有時因任務需要，我們運務連也兼當工務連的兵力使用，參與搶修路基的任務，在什麼挖土機與機械設備都沒有的情況下，工務和運務連同樣以「人工」持圓鍬、十字鎬等最簡單的器具，挖土填築路基。

1947年秋末，全營奉命調往山東青島，搶修膠濟鐵路由青島到濟南方向遭破壞的路段，上級要求盡快恢復通車，以配合作戰運補的任務。我們先由蘇北隴海鐵路調至津浦鐵路臨淮關站，集結整頓待命，並補充所缺裝備。

當部隊抵達臨淮關後，發現市區營舍不夠，因此，由排長率隊，領我們至東南方5公里處的廟宇暫行駐紮。一進去才發現，此處原是野戰醫院，到晚上什麼燈都沒有，舉目漆黑，令人心中發毛。所以在站夜哨一事上，缺乏實戰經驗的大夥都提心吊膽，既怕鬼、又

怕敵人摸哨；因此商議後決定，從原本值勤的一人 2 小時，換成兩人 4 小時的雙哨模式，有個伴作陪，也好消解恐懼。

　　令我最印象最深刻的是排長命令我們到廟宇背後不遠的池塘邊，就地挖土做泥坯，[3] 曬乾後可供各班做睡舖床沿。當班長帶隊走去，發現池塘邊有一大片很整齊的地瓜壟，走近細看，才發現完全出於我們意料之外。那不是地瓜壟，全是埋葬因國共戰爭重傷而未能救癒的國軍死亡弟兄，附近也沒有任何豎立的標誌，藉以告知後人地下埋葬的亡者身世。每每當我思及這樣因時代而亡且無人祭祀的靈骨，總令我鼻酸。

　　天氣漸寒，1948 年約在 10 月下旬，排長接獲命令，率全排由上海乘船赴青島，全營駐紮在上海虹橋碼頭附近營區，候船期間約有 5 天，閒來無事時，即邀三五知己逛逛上海市區。身為軍人的好處就是搭電車不用買票，我們玩得很盡興。據聞，前不久虹橋碼頭附近有座彈藥庫爆炸，事後很多人跑到廢墟裡挖子彈頭出售，聽說子彈頭內包的鉛塊很值錢，凡是去挖的人，都發了小財。抵達青島後，我所屬的運務連進駐青島北方的城陽鎮華僑村，後又奉命向青島前線的河南頭村調動，該村三面環陸、一面靠河，駐進該村目的，是守衛跨河鐵橋的兩端碉堡，執行護橋任務。

　　1948 年秋，國軍戰情吃緊，此時駐青島膠濟鐵路的鐵道兵第三營，奉令破壞現有通行使用中的鐵路設施，接著調回安徽蚌埠，支援徐蚌會戰。部隊由青島乘船到上海，再轉乘火車抵蚌埠後，立即

3　即捏坯，把具有可塑性的土捏塑成型。參考資料「教育部重編國語辭典修訂本」：https://dict.revised.moe.edu.tw/dictView.jsp?ID=57608&q=1&word=%E5%9D%8F（2023/5/11 點閱）

展開在鐵軌中鋪設厚木板，以方便戰車通行的行動任務。

接著徐州保衛戰失守，國共雙方再度於宿縣到蚌埠間進行決戰，此迫在眉睫之際，營部將備用軍品集中，裝進兩節火車車廂，指定我與另外兩名士兵押車，先撤退至浦口車站待命。沒多久，徐蚌會戰雙堆集最後一役，國軍又失利，鐵道兵全營只好由蚌埠迅即撤退至南京下關駐防，留守在浦口車站的車廂物資，也同時渡江與營會合。

因戰況未好轉，營部大副官杜南輝上尉，奉命率全營眷屬及後方留守物資，先撤退至杭州，進駐杭州火車站附近的浙江省商業公會內。在杭州留守期間，因全營遠在南京，我們心情相對輕鬆，故我常與一同留守的張維西結伴遊西湖、看戲、看電影等，盡情享受城市生活的滋味。對從未看過戲的我而言，第一次的看戲印象極為深刻，其中演唱的詩詞，至今仍記憶猶新：「去年今日此門中，人面桃花相映紅。人面不知何處去，桃花依舊笑春風。」演員與劇情的張力，加上逼真的舞臺布景與道具，讓當時不滿 20 歲的我，看得心花怒放、熱血沸騰。

1949 年初夏，戰情快速變化，時值全營駐南京下關，部隊奉命用爆破方式炸毀南京火車站大廳，後由南京陸續撤至杭州、衡陽、廣州。鐵道兵團原管轄多個鐵道作業營，徐蚌會戰失利後，未能順利撤出。故團部除轄直屬部隊外，當前僅轄一個鐵道兵作業營較為完整，但實則從軍官幹部到作業士兵，均有缺員待補充。

我在青島時，即由連內調到營部服務，一年多時間，缺仍在連上沒有移動，到達衡陽時，我的職位才調整到營部占六級測繪士缺。

而後調赴廣州期間，營部駐於鳳凰崗民宅中，此時營長夫人帶著兩個女娃，也住在附近民宅，偶爾夫人上街買菜，或臨時外出，多請我照看這兩女娃，或許因這段時間的相處，在廣州時，我的職缺也由營部六級測繪士調整為駕駛上士。

1949年9月底，營部全體官兵集合開會時，選我擔任次月伙食委員，負責掌管主副食的運用，以及督導伙房勤務，同時協調採買任務。擔任伙食委員後，偶爾進市區購物，舉目西望，首入眼簾的即為矗立珠江邊、高大雄偉的「愛羣酒家」[4]，儘管口袋空空，但像我這樣沒見過世面的鄉下人，的確幻想過踏進酒家參觀的念頭，無奈不久部隊便撤離廣州，幻想化作短短的泡影，空留回憶於心底。

10月14日我剛起床，在緊急集合後即被告知立即撤退廣州，各單位便派槍兵攔截途經的民車，以供部隊搭乘。開赴黃埔碼頭後，看到碼頭空蕩蕩的，一艘停船都沒有，營長李凌霄中校與副團長王鶴群上校只好趕緊商討下一步的行動決策，迅速移往下一個目的地：珠江下游新塘鎮。當團、營部隊抵達新塘，副團長立即向新塘鎮公所交涉，以大卡車、吉普車和無法攜帶的重型裝備，以及當月官兵部分食糧，換租7艘捕魚大木船，讓部隊官兵同眷屬搭乘，以求脫險離開廣州。

我們7艘大木船趁著黑夜於珠江順流而下，一路從廣東新會縣抵達澳門附近的三灶島，官兵眷屬奉命下船登島，木船全部放回。

4　即愛羣酒店，1937年8月中旬開幕，15層樓的大廈，為當時廣州市最高的建築物，由於開幕正逢中日「七七」抗戰軍興，加上其內部裝潢新穎、服務妥貼，故南來的軍政要人與文化士商多居住於此。小友，〈愛羣酒店附敵前後〉，《宇宙風》第91期（1940），頁228-229。

滯島期間，我記得島上還留有日本用水泥鋪設的飛機跑道，我也曾目睹國軍野馬式戰鬥機在跑道上降落，不久又起飛離去。自從登上三灶島，因部分軍糧已換租木船，餘米不多，好幾天沒吃過一餐乾飯，每天兩餐僅靠稀飯度日，其稀薄的程度甚至可以當鏡子用，稀飯還未送到嘴邊，就先看見碗中自己滿臉餓容的倒影，不忍卒睹。

苦等十餘天後，一艘數千噸的大輪船「高雄輪」終於來援，載著我們這批落難部隊和眷屬駛向海南島。黑夜中，船駛進了海口市外海水域停泊。當時，海口市尚未建有停靠碼頭，因此船只能停泊在外海水域。次日早上，各單位僅派少數人上岸，到市區領取糧秣及採購物資。由於撤退期間來不及改選，故仍由我這個 10 月份的伙食委員續任，陪同副官何闓榮少尉，下船去海口市區領米買菜。當我們把軍需的糧食物資都辦妥後，便就近在街上，商借住民家的廚房煮飯炒菜，我倆先吃飽再上船。當時不知道何副官吃了幾碗，但印象深刻的是，我居然一口氣吃了 6 碗乾飯，創了我人生空前的紀錄。

因為「高雄輪」噸位較大，加上由大陸撤退等待轉赴臺灣者眾，我們便在原處換乘「天平輪」，並仍滯留外海水域待命，總計我們滯留海口市的外海停泊約三十餘日，才開赴臺灣。從 10 月 14 日乘船離開廣州，到 12 月 5 日於高雄港下船，長達五十餘天的滋味，簡直過足了此生乘船的癮，其中的煎熬苦難，實在一言難盡。國軍鐵道兵第二團部暨所屬第三營於 1949 年 12 月 5 日終於抵臺，在高雄港下船。由海口到臺灣途中，適逢冬季，海面浪大，下船之後的頭幾日，走在路上的我，仍感受到慣性的晃動，彷彿身體還在船上似的。

來臺後的變化與適應

　　1949 年 12 月 5 日下船當天,乘火車赴臺南善化鎮,抵達時天色已晚,由於營部當晚沒有房舍可住,我們便睡在善化火車站月臺上,迄今仍記得,當時我是睡在第一月臺的北端位置。次日一早,即進駐善化國民學校教室。我與何副官因掌管很多的被服裝具,所以單獨住在學校大禮堂東側的小儲藏室內,起居住定後,心情自然開朗。

　　因撤退官兵已將近 2 個月沒有洗澡了,全身惡臭難聞,故當大夥得知善化糖廠製糖流出到水溝的熱水可以洗澡時,各連皆輪流帶隊去水溝洗熱水澡。結果,連上排長梁俊卿中尉、技佐王德鈞少尉,洗完澡後整個人就癱掉了,後來是借用百姓的門板才將他們抬回來。事後得知,因長時間乘船,加上營養不足等諸多原因,造成了身體虧損,嚴重者恐成癱瘓。此事之後,常見他倆拄拐杖走路,過了好一陣子才恢復健康。

　　部隊來臺駐定後,最大的好處是生活飲食方面大為改善。開始每日有固定三餐,早餐是煮得很稠的稀飯配花生米和炒小菜,中餐和晚餐都是三菜一湯,吃得溫飽又舒坦。這是我當兵以來從沒有過的待遇。來臺前,在部隊裡搶飯吃、用秤秤飯吃的情形,都沒有了。來臺不到 2 個月,覺得自己臉上和身上的肉厚實多了,胸脯也挺起來了,照起鏡子來,覺得剛過 20 歲的自己帥氣很多,頗感滿意。

　　1950 年春節後,營部有多位同事調往嘉義連學開火車,且當時嘉義連上有很多我初入伍時的老同事,故趁假日天氣晴朗,與同事張子傑中士約好,一同去嘉義玩。當天上午敘舊愉快,中午我就留

在嘉義連上用大鍋飯，餐後搭火車回程時，途經當時臺南縣政府的所在地新營，在毫無防備下，我與張子傑忽然就被青年軍[5]206師617團團部連的一位班長，率兩名配衝鋒槍的槍兵強行逼押下車，帶回部隊關禁閉，還派槍兵24小時站崗看管。這對從未被關禁閉的我而言，不僅摸不著頭緒，也覺得自己運氣真差。

直到晚餐後，經指導員約談，終於真相大白：原來是要我們放棄原部隊，改當青年軍。但當時我與張子傑皆認為，我們在鐵道兵部隊已建立了情感與熟悉度，歷經千辛萬苦抵臺，怎麼可能隨意接受勸說就放棄原部隊？所以在約談完後，我們又被關入禁閉室過夜。被關的我不斷動腦設法脫困，終於，機會來了。

被關第二天，站衛兵的是與我年齡相仿的安徽同鄉，約20歲，在同鄉親切感的拉進下，我便開始向他介紹鐵道兵的狀況：凡看到穿軍服開火車的，就是我們鐵道兵，除了學開火車外，也能擔任列車長或站長等職，且都住在大火車站裡，行動非常方便自由。看他有些心動，我趁勢說，如果能順利回到原部隊，必會介紹他去當鐵道兵。經我這樣說，他真的心動了！緊接著我就請他提供紙筆，代

---

[5] 青年軍的由來，為1944年中國對日戰爭期間，國民政府主席蔣中正喊出「一寸山河一寸血、十萬青年十萬軍」的口號，呼籲知識青年踴躍從軍。故國民政府於軍事委員會下成立專責機構──青年遠征軍編練總監部，負責青年軍各師編組與訓練。1945年起，青年遠征軍第201~209師於各地陸續編成。但編訓尚未完成，日本即告投降，青年軍頓失用武之地。為此，國民政府規劃，將戰後青年軍各師作為預備幹部訓練機構，負責訓練全國徵調來的在學高中男生，除施以軍事訓練外，也授以建國工作、地方自治等基本知識。1946年底，為避免流亡知識青年為中共所用，隨即招訓第2期青年軍，1947年國共內戰擴大，青年軍各師被迫轉戰各地、參與戰事。1949年，國民政府播遷來臺，部分青年軍也隨之撤退來臺。參考資料：應俊豪，〈青年軍來台後復員問題〉，國立政治大學文學院編，《陳百年先生學術論文獎論文集》第4期（臺北：陳百年先生學術基金會，2003），頁1-32。

為寄信給善化營部大副官戴濟眾上尉。

被關的第四天上午，善化營部的張耀武中尉，由張潤三上士陪同，持營長李凌霄中校的公函直抵新營青年軍206師617團團部連，指名要人。在軍中指揮系統的層次上，出具公函為營對連，如連拒不放人，一旦事情鬧大，將有違抗上級命令之嫌，所以他們只好乖乖將我們由禁閉室放出，交由張副官帶走，回到善化營部。安然脫困後，我立馬寫感謝信給那位安徽同鄉，不料，數日後我接到他的回信，要我以後不要再寫信給他了，我的感謝信被他連上的指導員查到，說他吃裡扒外，大逆不道，害他被長官重打一頓屁股，疼痛不已。

逐步積累職務經驗

鐵道兵營來臺後，因接受美援，組織有所調動，由工兵科改為運輸兵科，但所負責之四大任務「搶修、破壞、建築、管理」中的「建築」任務，仍由工兵科執行。

鐵道兵營改為運輸兵科後，主要以戰爭時期接管戰區的「鐵道運輸管理」作業為主，並配合戰情，執行必要的「搶修」與「破壞」任務。一個編組完整的鐵道兵營，應轄工務、機務、運務與站務這四個作業連，站務管理的任務由營部連負責，這是唯一和大陸時期的鐵道兵編組不同之處；每個營應有能力接管長約90到150公里的鐵道路段，此區間內可容納44組列車，由鐵道兵運轉和火車頭保養等戰時接管任務。

1950年3月，營內司書出缺。我當時職務是駕駛上士，但根本不會開車、單位也沒有車子開。營長說要升我當官，擔任營部軍委四階司書，等同准尉官階。但這司書的任命尚未發布前，營附朱易上尉與嘉義第四連連長成集五上尉對調服務，朱上尉接到任命後，便開始思考替他管糧秣、金錢的特務長人選，最終選定了我。特務長一職，是連內的行政官，這是我初任軍官的第一個職務，職掌內容是在行政上服務助人，使運務連的任務順利推行，包含高雄、彰化、苗栗等鐵道技術實習組人員每月的主副食、薪餉、服裝、鞋、襪等，都得由特務長親自送補到位。想要使被服務的對象樣樣滿意，的確不容易。

　　每次赴各地實習組，若趕得上用餐時間，我就在實習組內吃；若是錯過用餐時間，我就在火車上買三、四顆雞蛋充飢。我任特務長期間，每個月總有10天左右出差，常搭火車，累了就在火車上打盹，但因我性格謹慎，火車一到達目的地，我便會自動醒來，從未發生過睡過站的情況。此經驗讓我培養出好「睡功」，無論火車搖晃再大、鳴笛聲再響，都照睡不誤。所以我當了排長後，睡在新竹機務段內，雖然每晚常被列車編組的碰撞聲震醒，但翻個身又總是很快睡去。

　　印象中，任特務長期間，善化糖廠有次曾請鐵道兵前去協助軌道的保養作業。[6]

6　據2013年《臺糖通訊》4月號之專題報導〈從檔案資料看糖業鐵路與國防〉一文中得知，1950年韓戰爆發不久後，在國防考量下，臺糖公司奉命修築「南北平行預備線」，作為戰爭時期交通中斷的預備線，納入戰備體制，並配合軍事演習任務。https://www.taisugar.com.

圖2　1954年，24歲的王景標擔任聯勤鐵道兵第二團第二營第四連排附留影。
資料來源：王景標提供。

鐵道兵實習組大多都認真向臺鐵職工學習技術，且月底還有差費可領。當時鐵路局開火車的司機員，每日的差費有新臺幣22元，我們鐵道兵因為是來學習技術的，差費取其半，也有11元可領，月底由鐵路局統一結算發給，當年這個數目的待遇算是優厚，故大家大抵都能專心致志、按部就班的學習鐵道技術。1953年1月1日，我調任排附，終於離開特務長煩膩的行政工作，心情上特別愉快。而後，我奉派到鐵路局彰化調度室，實習火車調度，滿一年即調回部隊，並派赴臺中測量學校受訓，1954年畢業，1955年我正式升為陸軍測量少尉，職務也由排附調為營部車站管理官（站長）。

1953年，鐵道兵團縮編為一個獨立的鐵道兵營後，並未影響相關的組織待遇，營部仍舊駐紮於臺北市南機場新店溪旁的數棟草房

tw/Monthly/CPN.aspx?ms=1369&p=13384294&s=13384318（2022/12/12點閱）

中,縮編後1954年首任營長為江詩澤[7]中校。有一天,當他走進營部辦公室時,我藉機向他報告,要求進入運校初級班受訓,他即允諾有機會定當推薦,不久後我就願望成真,並於1956年初畢業。

1957年元月,我晉升中尉,同年7月調任新竹運務連當排長,排部駐在鐵路局新竹機務段內。排長的主要職務,是協調督導全排弟兄在臺鐵實習鐵路運轉的相關技術,像是司機、司爐、車掌等職的勤務工作。這是我擔任鐵道兵以來,最為懷念的一段時光,尤其運務連,是我在大陸時期初次投考入營當兵的老單位,我對這個連自然特別有感情。來臺後第二次的緣分,是奉派到連上當特務長,現在算是三度進來當排長,內心自然頗感喜悅。由於過去的老同事多數仍在職,所以面對此一排長的職務,我有更多的自信與經驗能順利領導。

擔任排長期間,也是我與臺鐵的鐵路員工合作最密切的時期,從實習場站、設備,到派員指導等,都由臺鐵提供。[8]就我的經驗而言,教導技術的現場員工性格上忠厚老實,所以和實習的鐵道兵在相處上相安無事,未曾聞雙方有不友善的狀況發生,我也未曾處理過這類的問題。

---

[7] 江詩澤,字肇先,四川忠縣人,1939年中央陸軍軍官學校第14期步兵科畢業,1954年陸軍運輸學校第3期高級班畢業,1954-1960年擔任鐵道兵獨立營營長。1972年於陸軍供應司令部運輸署組長一職退伍後,改赴僑務委員會任職。〈江詩澤〉,《軍事委員會委員長侍從室檔案》,國史館藏,典藏號:129-250000-4812,頁1-4。

[8] 據1950年9月實踐學社編印的資料顯示,在戰爭初期階段,占領鐵道之運用專依鐵道兵任務行之,而後方的鐵道管理,則隨戰情發展,逐步移讓與一般鐵道員工(鐵道管理局),故鐵道兵須與鐵道員工密切配合。所以在平時,鐵道兵與鐵道員工間,在技術與精神方面之協同訓練,實為必要。〈鐵道兵之任務與鐵道之運用〉,《蔣中正總統文物》,國史館藏,數位典藏號:002-110703-00052-001。

1958年，我在新竹擔任排長滿一年後，即奉命與駐八堵的歐陽仕排長對調服務。由於當時鐵路局在八堵沒有宿舍可供鐵道兵借住，於是我和鐵道兵實習組人員，就住在鐵路局提供的兩節客車車廂裡，印象中是一輛上、下兩層的木造臥舖車。若需煮飯用餐的話，則利用周圍的防空洞自行處理。當時，除督導八堵的實習組，我也負責督導基隆、宜蘭、臺北這三處的鐵路技術實習組，而這三處的實習組則住在鐵路局提供的空房舍內，此類空房舍並非一定是鐵路宿舍，也許是鐵路倉庫。

各實習組的伙食，是由鐵道兵內部自給自足，由營上指派炊事兵負責，通常一個實習組內會搭配一位炊事兵負責煮飯，至於採買食材，則由實習組內的弟兄輪流外出採買。當時的實習組都有發實習證，約莫和現在的身分證差不多大小，憑此證搭乘火車可以不用購票。

我初到八堵，發覺有少數實習組弟兄下班後也不休息，仍聚集在防空洞內，不知所為何事？有次我悄然入內一瞧，發現原來他們正以火柴棒當籌碼在賭博，我便當場嚴厲糾正。次日，我前往宜蘭實習組查看時，約百公尺遠我就聽到了清脆的搓麻將聲，大家一看排長抵達，頗給面子的把麻將停了，我又走進械彈保管室內檢查槍枝，多已生鏽，證明未按規定保養擦拭，處處顯示了天高皇帝遠的散漫鬆懈。接著我又赴臺北、基隆實習組查看，狀況相較下稍微好些，但多數弟兄的床舖底下存放很多空酒瓶，讓我看在眼裡很不舒服。

面對這些情況，我都盡量勸勉實習組同仁，除了學好鐵路技術

外，更應趁年輕，多利用空閒充實自我，替自己的未來打算。由於到八堵當排長，遠離連部與行政事務的干擾，我便經常至各實習組走動，若發現早已指出的舊缺失仍未完全改進，立即不客氣以重話訓斥，此舉也引起實習人員對我的領導作風有所不滿。

1959年7月，任排長滿2年後，我調回營部任火車調度官。此缺平時為閒職，並無火車可調度，需要到戰時或戰地軍事接管鐵路後，才有火車可以調動，以支援前線軍事運補。若遇戰時，鐵道兵四個連的任務劃分各有所長，我最熟悉的運務連，主要任務須具備駕駛火車與調度運輸、管理號誌等相關技術能力；機務連的任務主要是修理火車；工務連的任務主要是負責鐵軌與道釘的鋪設與養護；營部連主要負責站務、擔任站長工作。1960年，鐵道兵營擴編為鐵道指揮部，[9] 首任指揮官為曾邁上校，占少將缺。

在擔任火車調度官期間，我有機會進入運校公路班受訓，晉陞上尉後，再進到高級班受訓。畢業後回部隊，於1961年底，我調任機務連副連長，駐高雄港火車站內，連長為馬修少校。雖在機務連的時間不長，但說到修理火車的技術，在大陸時期我已在知識層面上對於火車構造有一定程度的掌握，也在方法上理解如何駕駛蒸汽火車，只是始終沒有機會實際開過。故在職務上，從運務連轉換到機務連時，對我而言並沒有窒礙難行之處。任職副連長9個月後，我被調回鐵道指揮部任工程官。

---

[9] 1960年7月1日，陸軍36鐵道運輸指揮部成立，轄有361及362鐵道營。洪致文，〈軍用鐵道〉，收錄於《臺灣鐵道印象（下）》（臺北：南天書局，1998），頁383。陳邦勤，〈鐵道千山萬邦勤〉，收錄於張玉法、陶英惠、王德毅編輯，《紮根臺灣六十年：百萬人的奮鬥、成長、融合（第四冊）》（臺北：渤海堂，2009），頁1136。

Chapter 7 | 遷徙生根的鐵道王　239

圖 3、4 | 王景標先生於參大受訓留影，團體照左三為王景標。
資料來源：王景標提供。

任工程官滿一年後，1963 年，我又奉命調回高雄機務連接任連長職務，由於曾出任該連副連長，對連上應有任務與各項勤務的指揮操作並不陌生，所以對於領導全連官兵、執行上級交付任務等，均懷抱高度的信心去完成。

　　上任後我的首要挑戰，是即將來臨的年度主官裝備檢查，尤其機務連在機車等車輛保養方面的機具多又複雜。但最後裝檢成績殿後的主因，不是大項目的缺失，反倒是士官兵寢室的內務整潔。因為士官兵睡舖為雙人雙層鋁質床，睡下舖的人，皆在頭頂置一個小儲藏櫃，把私人物品塞滿滿，看來極不雅觀，自然被列入檢查的主要缺失。好在此成績並未影響晉陞，我仍於 1964 年晉任少校，並於同年調新竹運務連擔任連長。我由官兵員額較少的連，改調員額較多的作業連，深覺長官對我的器重，何況這個連已是我第四度進來服務，對人員領導、任務執行皆胸有成竹。

　　很幸運的是，1965 年 7 月，經過初試、複試和入學考試，我錄取陸軍指揮參謀大學正規班受訓，續調為陸總部受訓學官。畢業後，即不必再回任連長，改奉派到陸軍運輸兵學校任職。1969 年，我在運輸兵學校晉陞中校，1970 年，年逾四十的我，終於完成結婚這件終身大事，與周桂瑛女士成家。

家庭生活甘苦談

　　談到結婚，首先要說，我們的婚姻不是轟轟烈烈的戀愛結婚，而是憑鄉親知己與媒妁之言的介紹，經由岳父母大人的同意，先訂

婚後結婚的。我與內人的媒人，是我同鄉的周大嫂。某日，忽然接到周大嫂的電話，要我星期天到臺北市萬華她家作客，還特別交代：「來時要穿軍服。」這時我便心中有譜，猜想是要安排介紹女友一事。初次見面，我們對彼此印象很好，周大嫂打鐵趁熱，要我送照片給她，由她轉介給未來的岳父母看。沒想到過了兩週，周大嫂來電告知：「小姐父母看到你的照片，認為你是忠厚老實人，同意把愛女嫁給你做老婆。」當時我真是忍不住的高興，沒想到僅憑照片就可以過關。此事即以軍人作戰採速戰速決之態，即刻與周大嫂商討訂婚事宜。

在介紹訂婚後不久，狀況還是發生了。我岳父母都是忠厚農民，加上內人從小就是鄰居眼中的乖乖牌，所以在左鄰右舍吃過訂婚喜餅後，知道內人即將嫁給一位中國大陸來的窮軍人，便開始加油添醋的謠傳外省人的不良印象，阻止婚事的完成。當時社會，對外省軍人的刻板印象都有耳語流傳，因此，岳父母開始動搖，並力勸內人與我解除婚約，改嫁本地人為妻。但性格果敢的內人為了爭取我們的幸福，不惜逃家明志，甚至打算解除婚約後，到高雄縣大崗山的尼姑廟落髮為尼，吃齋念佛了卻此生。好在內人的逃家計畫沒有成功，在準備搭車離開時，被岳父母交代看守的大姊發現，硬拖回家。岳父母總算是知道女兒的難纏，只好同意這門婚事了。

當時，軍人結婚，得先報備陸軍總部（簡稱陸總）核准。批核前，陸總會先去函當地的警政機關，調查清楚女方的身家後，才會批准結婚。這份陸總公函一路送到臺南善化警分局，再轉到轄區的派出所，並派警員到岳父母家進行身家調查。警員來時，家中僅剩正在

圖 5 ｜ 王景標先生與周桂瑛女士結婚照。資料來源：王景標提供。

編織毛衣的內人，警員見面的第一句話就問：「你怎麼嫁給軍人？」好似在提醒內人嫁錯人了！由此可見社會上普遍對軍人的觀感並不是很好。從訂婚到結婚，過程中許多的曲折，我也是在婚後開始與內人談戀愛時，才逐漸知道這一切。

我於 1970 年結婚，同年，工作單位也從運校調任陸軍總部後勤司令部運輸署任職。當時的陸總，正將由臺北遷駐桃園龍潭的大漢營區，為圖上下班方便，經人推薦，我決心在桃園八德以新臺幣 6 萬元，購入剛建好的空殼公寓二樓一戶，但當時手邊根本沒有這筆預算，好在內人平素的積攢，加上訂婚時的聘金，才好不容易買下新房。

圖 6 ｜ 王景標先生、周桂瑛女士與長女懷謙兩週歲紀念照。資料來源：王景標提供。

待新房整頓好，我們便由臺北土城搬到桃園，此時亦正值內人身懷六甲、即將臨盆之際。1971年1月31日，長女懷謙誕生，年過四十、初為人父的我真是高興極了。但女兒尚未滿月，我就接到奉令，調任營長，這是我入伍後一直期盼歷練的職務，就在女兒剛滿月的3月1日，我即趕赴臺中清泉崗北大營區部隊到任。

從營長到總教官

1971年，在我調任營長的同一年，鐵道運輸指揮部也從臺北遷駐臺中清泉崗北大營區。還記得當初部隊駐於臺北市南機場新店溪

旁的草房中，每逢落雨時節，就算屋外雨停，室內仍小雨不斷，這時垃圾桶和洗臉盆都要一齊出動，應戰接水。尤其，每年颱風來臨，新店溪的溪水暴漲，我們總要快速逃離，後經政府動用國軍部隊兵力，建築堤防，才免除水災之苦。

先前政府已責成鐵路局興建神岡支線，此支線是讓縱貫線由潭子站延伸到清泉崗基地內，方便部隊靈活調動訓練。我任營長的首要任務，是鋪設環繞清泉崗北大營區內的圓環鐵道（又稱環營鐵道），以利營內的運轉訓練。施工時，要經過條小溪，故從橋梁載重的設計、技術，到鋼軌、枕木材料的供應，均須仰賴鐵路局轄下臺中工務段支應解決。為求任務順利，我常去該單位接洽施工問題，並向上級請求撥款，以對鐵路局支援的工程師與營內弟兄給予實質的獎金獎勵。從施工到通車，順利在半年內完成，之後當我看著營內弟兄開著火車，在營區內進行相關訓練活動時，內心充滿成就感。

1974年初春，家中第二位新成員報到，長子懷賢誕生。同年底，我離開了營長職務，奉調陸勤部運輸署擔任參謀職。1975年元月，我晉任上校。1975年底，花蓮陸軍第二後勤指揮部成立，有一副指揮官缺，我便奉派以陸軍運材補給庫副庫長的名義調任此職。1976年3月，家中第三位新成員報到，次子懷慶誕生。一女二子的家庭圓滿之景，讓我內心滿懷喜悅。同時，我調赴離島澎湖，接任港口指揮官一職。說來有緣，我首任營長一職就是接替呂智俐上校，這次港口指揮官又是由我來接替他。他特別提醒我相關應注意的事項，尤其大陸漁民常到鄰海海岸捕魚，多為捕捉50公分長的小鯊魚，可說是侵犯我國海防安全暨漁撈權益，海軍派艦驅逐不走，就連人將

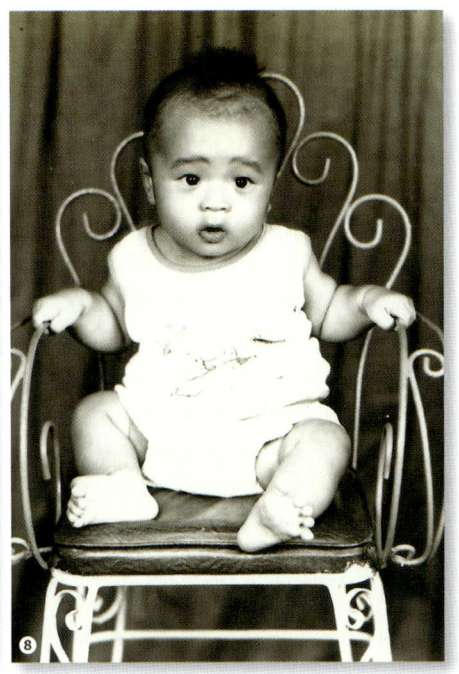

圖 7、8 ｜ 長子懷賢（左）、次子懷慶（右）分別於 4 個月大時留影。資料來源：王景標提供。

船帶回交由澎防部處理。待我港口指揮官任期屆滿，即與運校空運教官組長對調服務。此單位離家近，且為上下班制，使我終於可以安定心神、分攤內人照應三個孩子起居的重擔。

而後，我於 1978 年出任花蓮第二後勤指揮部指揮官，並得陸軍總司令郝柏村[10]上將，約期召見。召見時，總司令僅對鐵道兵隊目前

---

10 郝柏村（1919-2020），字伯春，江蘇鹽城人，1978 年任陸軍總司令、1981 年任國防部參謀總長、1989 年任國防部長、1990 年任行政院長。〈郝柏村〉，《軍事委員會委員長侍從室檔案》，國史館藏，典藏號：129-220000-3994，頁 1-28；「總統府公報：褒揚令」（總統

幾十名員額是否有存在的必要，想聽聽我的看法。我回答道：「現存鐵道兵隊數十名兵力，沒有能力執行鐵道運輸作業，僅能負責執行年度教育召集訓練的小部分任務而已，存在的價值不大。」雖然不知這樣的回答，是否符合總司令的想法，但我回答的是事實。當我準備離開前，總司令又補充說：「後勤設施安全最重要，到任新職這方面要特別多重視！」聽到總司令的勉勵指示，我曉得這一關已經過了，即回到學校等待任職令發布後，履任新職。

花東第二後勤指揮部，顧名思義，即為負責支援臺灣東部地區包括蘭嶼、綠島平時與戰時的後勤運輸暨一切補給勤務。[11] 其特色是任務複雜，駐地偏遠，作業單位多，軍紀管理困難，但這也是我歷經軍職生涯裡，最有成就感的任務。

任職期間，最使我擔心憂慮的，是油庫、彈藥庫安全的維護事宜。平時，就依規定處理後勤補給保養和運輸業務，唯獨在遇到地方選舉時總令我神經緊繃，深恐有不良分子居心叵測，藉機破壞、製造事端。因此每逢選舉期間，我便在入夜後外出巡視督導，提示各分駐補給人員提高警覺。其過程中的體力與精神的耗弱，實非外人所能體會。

令109年8月21日）https://www.president.gov.tw/Page/294/47376？DTitle=%E9%83%9D%E6%9F%8F%E6%9D%91（2023/6/19點閱）；〈歷任院長〉，收錄於「行政院」：https://www.ey.gov.tw/Page/4ED2F231892187F9/42913276-aebf-43ab-bffd-baab2b3c8a9a（2023/6/19點閱）

[11] 據陸軍第二後勤指揮部編印之《陸軍第二後勤指揮部沿革史》所載，其部成立時間為1975年實施後勤編組調整及精簡案後，於同年10月1日，由陸軍第444運輸連、陸軍第6經理補給處、陸軍花蓮兵工保養廠等單位合併改編，正式成立陸軍第二後勤指揮部，負責花蓮、臺東兩地區後勤支援任務，地點位於花蓮的美崙營區。感謝陸軍第二地區支援指揮部葉哲修班長、王世維科長及葉特豪參謀主任惠賜此一隊史館資料。

Chapter 7 │ 遷徙生根的鐵道王　247

陸軍第二後勤指揮部全體官兵歡送指揮官王上校榮陞攝影紀念70.7.16.

圖 9 │ 1981 年花蓮陸軍第二後勤指揮部全體官兵歡送王景標指揮官的紀念合影。
資料來源：王景標提供。

　　1981 年，我接任運輸兵學校總教官兼副教育長，時任運校校長的是李一華少將，山東人，陸軍官校 26 期，他也是我佩服心儀的一位長官。他在任鐵道指揮部參謀長時，我擔任營長，李長官為人溫厚、性格誠懇，以往偶遇同儕在任務上有為難之處，他也能協助化解，與他相處可謂融洽，所以，本欲退伍的我，顧盼之間，決定準時報到。此時，距我限齡退伍的日子還有兩年多，這段期間，以工

作方面論，在教務行政的推展主要配合校長與教育長，以求達到目標與要求；以家庭生活論，因學校離家不遠，自然能兼顧對家庭的照應，生活總算是真正安定下來了。

退而不休好充實

　　我由於結婚太晚，三個兒女年紀尚小，如能多一份收入，對於家庭就多一份保障，這也是我們大多數退伍軍人再度就業的原因。1983年6月退伍的我，經歷了不同業界的職務挑戰。我退伍後的第一份工作，即任職於桃園石門地區觀光推展委員會第9屆的秘書。當時的會長李樹猷先生是湖南人，會有這樣的機緣，是透過我的老長官岳喜淼營長的引介。有次岳營長致電，邀請我參加桃園觀光協會的年度會員大會，會上，岳營長將我介紹給協會的李樹猷會長認識。李會長是湖南人，原為桃園縣政府主任秘書，聽到岳營長介紹我的狀況後，即和我說：「現在觀光協會缺少一位秘書，你馬上就可以來上班，待遇和我一樣，每個月車馬費新臺幣1萬元。」就這樣一句話定案。雖然待遇不高，但與我上校的退休俸月平均1萬2,500元相較，也不算少，故我甚感滿意。

　　1970年代左右，桃園縣龍潭鄉石門水庫為北部知名的觀光景點，周邊還有亞洲樂園、豪華芝麻大酒店等，可供遊玩觀賞和住宿。由於觀光客眾多，石門活魚店也在大街小巷普遍開設，有的活魚店家為求生意好，會主動申請，加入桃園觀光協會為團體會員。我出任秘書後，以前在測量學校所學的那套製造地圖的方法即派上用場，

我主動將石門水庫風景區內觀光協會會員的各景點與活魚店，調製成一張簡要詳實的觀光地圖，此地圖連續數月刊登在桃園觀光雜誌的封底。初次登出時，觀光雜誌社長還發給我獎金新臺幣 300 元，表示對我的致謝。自從地圖刊出後，也頗受石門觀光業者的稱許，雜誌社長跟著鼓勵我，要我向每月出刊一期的觀光雜誌投稿，介紹本國與外國蓬勃的觀光產業。

對寫文章一事我一向有興趣，正思考投稿雜誌賺些零花錢時，1985 年碰巧瞧見報紙的大幅廣告：「石門水庫稻香村大酒店成立，招募服務員工。」我看著心動，並請示岳營長，在了解情況後，我決定前往應徵。應徵時得知人事專員月薪為新臺幣 1 萬 8,000 元，較我秘書職位的車馬費高出約一倍，所以後來接獲錄用通知，我即辭去觀光協會的職務，成為稻香村大酒店的員工。酒店開張，生意興隆，住宿客人日日爆滿，不久酒店老闆又併購對面的芝麻大酒店，服務員工增多，我也由人事專員升級為人事主任，月薪也調高為 2 萬 5,000 元，讓我工作起來很帶勁。

在酒店服務頗感順手之際，忽然接到抗戰時期在家鄉任游擊司令的劉將軍所託，協助其掌管新公司的後勤業務，且待遇優渥，月薪 3 萬 6,000 元，讓我沒有理由拒絕，因此我便辭去酒店的工作，由桃園改赴臺北上班。新公司主要經營房地產開發，服務一段時間後，公司生意並不理想，倒是公司在大陸蘇州地區的業務發展很順利，於是決定把臺灣的生意結束，遷移到蘇州經營，員工若不願赴大陸，即按《勞基法》資遣，考量我的孩子當時年紀還小，所以未赴大陸任職，決定接受資遣，並獲發半年薪水。

在家休息不到三週，老指揮官單偉儒[12]先生即託人傳話，找我去他創辦的「蒙特梭利幼稚園」工作，擔任處長，主要聽單先生指示辦事，並支援幼稚園在教學與行政的各種業務，月薪 3 萬 2,000 元。而後由於幼稚園房舍被收回，故從臺北師大路附近，搬遷至南機場青年公寓，改名為「青年幼稚園」，並繼續招生。從搬遷前尋找房舍，到搬遷後的申請立案等，可說是費盡周折，終於在大家齊心協力下順利完成搬遷工作，於是單先生升我為副秘書長，職務加給由原來的每月 6,000 元，調高為 8,000 元，加上月薪，共計 4 萬元。加上我當時退休俸月薪 3 萬 5,000 餘元，兩項薪水合計共有 7 萬餘元的收入，在維持家庭生活開銷與子女教育費上甚為寬裕，使我備感欣慰而且有安全感。

我 65 歲時，眼見兒女學習有成，逐步進入社會就職，養家的經濟重擔得以解除，我終於得以真正退休，開始發展自己的休閒嗜好，成為退而不休的快樂老人。我到晚年才開始學習書法，純粹只為追求藝境與樂趣，從初始獨自一人以字帖臨摹，到後來追隨任漢平[13]大

---

[12] 單偉儒，河北完縣人，1939 年陸軍軍官學校第 14 期輜重科畢業，1951 年陸軍大學第 22 期正規班畢業，1955 年陸軍指揮參謀大學第 6 期正規班畢業，1958 年陸軍運輸學校第 7 期高級班畢業，1959 年美國運輸學校盟 2 期高級班畢業。曾任陸軍三六鐵道運輸指揮部上校指揮官、陸軍第 101 後勤指揮部上校參謀長、陸軍供應司令部運輸署少將副署長、陸軍運輸學校少將校長，1969 年赴臺灣鐵路管理局任副局長，1982 年因屆齡以副局長之職奉准退休。1985 年財團法人蒙特梭利基金會經教育部核准設立，單偉儒為創會董事長。〈單偉儒〉，《軍事委員會委員長侍從室檔案》，國史館藏，典藏號：129-260000-0640，頁 1-5；〈單副局長偉儒榮退 董局長設茶會歡送〉，《業務通訊》611 期（1983 年 1 月 1 日），第二版；「財團法人蒙特梭利基金會」：https://www.cmf.org.tw/content01.html （2023/6/20 點閱）

[13] 任漢平，山西解縣人，曾任監察院于右任院長侍從暨攝影師，亦為于右任弟子，擅長草書。「任漢平美術館」：http://www.jen-am.com/index.php （2023/6/26 點閱）

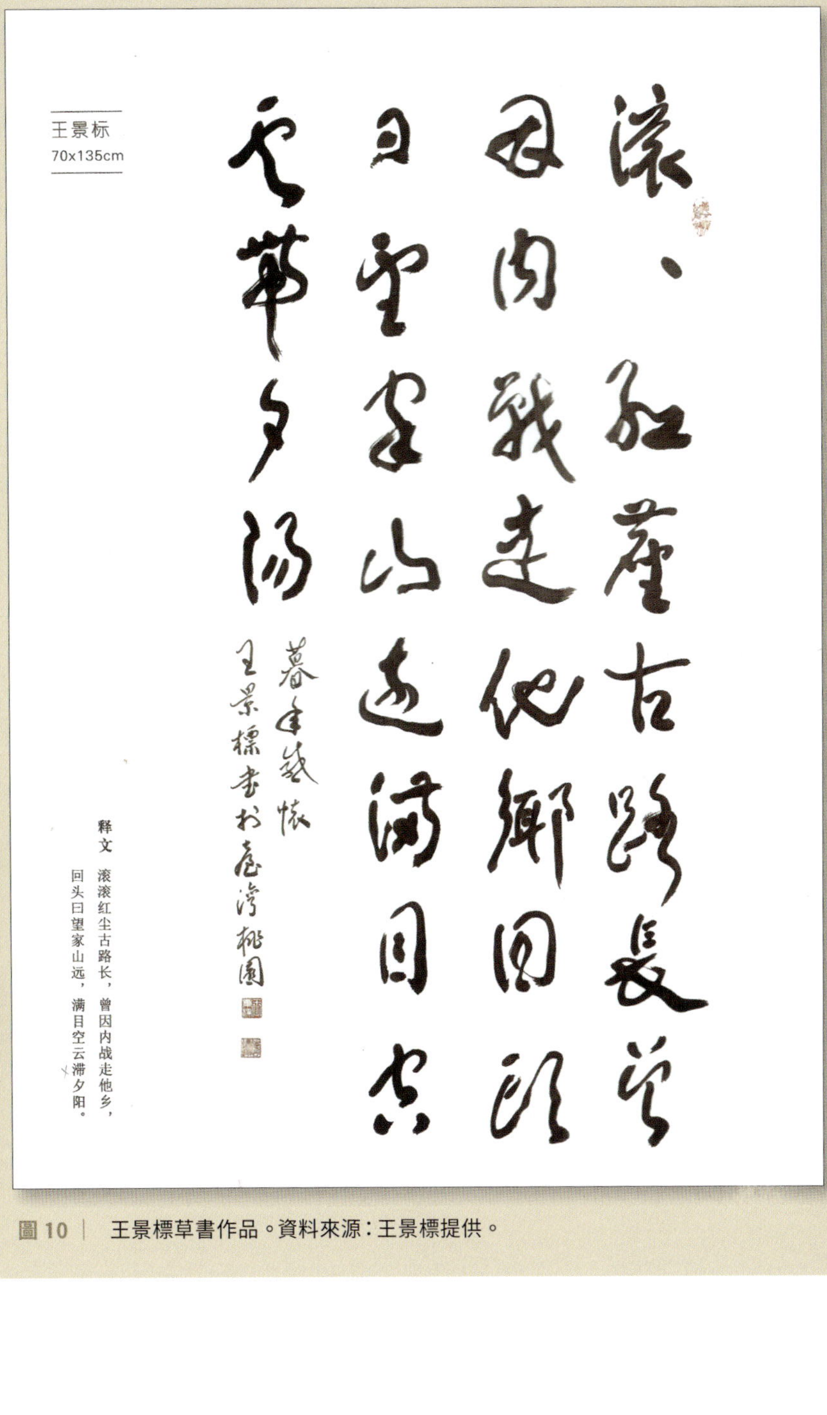

Chapter 7 │ 遷徙生根的鐵道王　251

王景標
70x135cm

釋文　滾滾紅塵古路長，曾因內戰走他鄉，
回頭日望家山遠，滿目空云滯夕陽。

圖10　王景標草書作品。資料來源：王景標提供。

圖 11 ｜ 王景標（右）與劉達運（左）共持王氏畫梅作品合影。
資料來源：王景標提供。

師門下學習草書，前後共計 5 年的時光。80 歲的我，由於身體尚稱硬朗，精力也還旺盛，加上對梅花由衷熱愛，所以當臺北市書畫藝術學會理事長王慶海電話告知我「梅花班」將在臺北市教育會館開課，特聘臺灣畫梅高手劉達運將軍執教時，我立即報名參加。草書與畫梅，可說是我退休後在藝術嗜好追求上兩大主要的方向。

王景標先生大事年表

1930 年	生於安徽宿縣。
1946 年	夏，首次從軍：空軍航空工兵團，後與同鄉溜回家。
1946 年	秋，第二次從軍：聯勤鐵道兵第二團第三營第九連。
1947 年	秋，奉調山東青島，搶修膠濟鐵路。
1948 年	秋，奉令破壞膠濟鐵路。
1949 年	撤退廣州，抵達澳門三灶島，苦等救援。 年底抵臺，於高雄港下船。
1950 年	赴嘉義任特務長。
1953 年	任排附。
1955 年	升少尉，任營部車站管理官。
1957 年	升中尉，任新竹運務連排長。
1959 年	調回營部，任火車調度官。
1961 年	任高雄機務連副連長。
1963 年	任高雄機務連連長。
1964 年	升少校，任新竹運務連連長。
1969 年	升中校。
1970 年	與周桂瑛女士結婚。 同年，調任陸軍後勤司令部運輸署，由臺北遷往桃園。
1971 年	任營長，赴臺中清泉崗北大營區。
1975 年	升上校。
1976 年	赴澎湖，任港口指揮官。

1978 年	任花蓮陸軍第二後勤指揮部指揮官。
1981 年	任運輸兵學校總教官兼副教育長。
1983 年	退伍。
2024 年	逝世。

國家圖書館出版品預行編目(CIP)資料

他們的鐵道時代：七位鐵道職人的生命故事／鄭萬經、曾炎燦、王景標、郭約義、簡清期、陳清標、鄒錦松口述. -- 初版. -- 臺北市：前衛出版社，2024.09
256 面；17×23 公分

ISBN 978-626-7463-38-3（平裝）

1.CST: 鐵路史 2.CST: 口述歷史 3.CST: 臺灣傳記

557.26339　　　　　　　113008486

他們的鐵道時代

七位鐵道職人的生命故事

口　　述	鄭萬經、曾炎燦、王景標、郭約義、簡清期、陳清標、鄒錦松
策　　劃	國家鐵道博物館籌備處
審　　定	洪致文、陳進金、蔡錦堂
責任編輯	鄭清鴻
美術編輯	李偉涵
封面設計	兒日設計｜CK101號蒸汽機車照　陳鶴仁攝影提供

合作出版	國家鐵道博物館籌備處
	地址：110055 台北市信義區市民大道五段 50 號
	電話：02-87878850｜傳真：02-87875345
	電子信箱：service@nrm.gov.tw
	官方網站：https://www.nrm.gov.tw

前衛出版社
地址：104056 台北市中山區農安街 153 號 4 樓之 3
電話：02-25865708｜傳真：02-25863758
郵撥帳號：05625551
購書・業務信箱：a4791@ms15.hinet.net
投稿・代理信箱：avanguardbook@gmail.com
官方網站：http://www.avanguard.com.tw

出版總監	林文欽
法律顧問	陽光百合律師事務所
總 經 銷	紅螞蟻圖書有限公司
	地址：114066 台北市內湖區舊宗路二段 121 巷 19 號
	電話：02-27953656｜傳真：02-27954100
出版日期	2024 年 9 月初版一刷
定　　價	新台幣 500 元
G　P　N	1011300895
Ｉ Ｓ Ｂ Ｎ	978-626-7463-38-3（平裝）
E - I S B N	978-626-7463-36-9（PDF）
E - I S B N	978-626-7463-37-6（EPUB）

©Avanguard Publishing House 2024　　Printed in Taiwan